U0095354

周易象意

孙玉祥 编著

上

辽宁人民出版社

© 孙玉祥　2023

图书在版编目（CIP）数据

周易象意：全2册 / 孙玉祥编著. —3版. —沈阳：
辽宁人民出版社，2024.1
ISBN 978-7-205-10743-7

Ⅰ. ①周… Ⅱ. ①孙… Ⅲ. ①《周易》— 研究 Ⅳ.
①B221.5

中国国家版本馆CIP数据核字（2023）第059117号

出版发行：辽宁人民出版社
　　　　　地址：沈阳市和平区十一纬路25号　邮编：110003
　　　　　电话：024-23284321（邮　购）　024-23284324（发行部）
　　　　　传真：024-23284191（发行部）　024-23284304（办公室）
　　　　　http://www.lnpph.com.cn
印　　　刷：北京长宁印刷有限公司天津分公司
幅面尺寸：170mm×240mm
印　　张：35
字　　数：560千字
出版时间：2024年1月第3版
印刷时间：2024年1月第1次印刷
责任编辑：艾明秋
助理编辑：贾妙笙
封面设计：乐　翁
版式设计：琥珀视觉
责任校对：刘再升
书　　号：ISBN 978-7-205-10743-7
定　　价：99.80元（全2册）

序

朱高正

　　孙玉祥所撰《周易象意》一书即将付梓，嘱予为之作序。《易》之为书，广大悉备，包罗万象，与他书不同，古往今来言《易》者，仁者见仁，智者见智。易学是中华文化典籍中学者致力最多的一门学问。

　　《易》，何书也？孔子曰："《易》与天地准，故能弥纶天地之道。仰以观于天文，俯以察于地理，是故知幽明之故。原始反终，故知死生之说。"《周易》一书是以天地为准则，模拟宇宙空间、自然万物、人类社会，通古今之变的大学问，所以被称为"宇宙代数学"（冯友兰语）。当代欧洲著名汉学家、法国学者汪德迈认为："在中国的各个历史时期，没有一部书像《周易》这样被阅读研究和一再修订，《周易》就如欧洲传统中的《圣经》一样。"

　　《周易》是以何方法认识世界和诠释世界的？孔子在《系辞传》中说："是故《易》者，象也；象也者，像也。"《易》就是卦象；卦象，就是通过阴阳两个基本符号的排列组合，构成各种物象。"八卦成列，象在其中矣"（《系辞传》）。

　　八卦是何人所画？《系辞传》说："古者包牺氏之王天下也，仰则观象于天，俯则观法于地，观鸟兽之文，与地之宜，近取诸身，远取诸物，于是始作八卦。""圣人设卦观象，系辞焉而明吉凶，刚柔相推而生变化。"《尸子》和《乾凿度》等书说燧人氏观星辰，下察五木以为火，庖牺以作八卦。可见《易》道广矣深矣！说它远则没有边际，说它近是在不言之中和每个人发生关系。远古时期中华先祖以洞为穴，缘木为巢，于是有燧人氏、有巢氏。树居知风、穴居知雨，所以燧人氏、伏羲氏都以风为姓。远古之圣人夜观星辰，昼察大地，栉风沐雨，薪火相传，一路走来。历经伏羲、文王、周公、孔子之手，总共七千余年，给我们留下了这部由符号加文字组成的，人类独一无二的百科全书。它是中华民族的最高智慧结晶，被称为"东方的圣经"。

以符号系统模仿万物之象，这是人类文明史上特有的文化现象。通过符号系统传递圣哲的思想，奠定了中华文化重形象的思维特点，也树立了《周易》"象""意""言"三位一体的哲学框架。卦辞和爻辞的设立，当然是在文字产生之后。然而，《周易》与他书的不同之处，就在于所有的卦、爻辞并非是作《易》者随意填上去的，而是"观象以设辞"，是"圣人立象以尽意，设卦以尽情伪，系辞焉以尽其言，变而通之以尽利，鼓之舞之以尽神"（《系辞传》）。

孔子认为《周易》是通过立象来表达意的，通过"辞"，说清楚"象"中所含的"意"。是象在意先，辞在意后的。孔子对易学不朽的贡献在于撰写《十翼》以明道，阐述儒学思想。"夫《易》，圣人所以崇德而广业也。"使远古时期流传下来的"卜筮之书"，成为一部中华文化中最重要的哲学经典。为后世研读《易经》点燃了蜡烛，"天不生仲尼，万古如长夜"。

孔子在《易传》中提出："昔者圣人之作《易》也，将以顺性命之理。是以立天之道，曰阴与阳；立地之道，曰柔与刚；立人之道，曰仁与义。"（《说卦传》）奠定了儒家学说以仁义为主线的伦理思想。

易学发展到汉代，费直以《十翼》传文文意解经，注重义理，而荀爽则象数义理并重。然而汉学说《易》，重象数而轻义理。焦赣《易林》开易学象数理论之先，扬子云《太玄》亦全用焦法。京房用纳甲，孟喜言卦气，荀爽主升降，虞翻说旁通，郑玄占爻辰，两汉易学研象者不下数十家，周易象数之学大兴矣。于是有伏卦、升降、互卦、卦变、半象、旁通、反对之诸象。逮至宋明之学，来知德踵汉学之遗风，而自创一格：阴阳相错，经纬相综，此乃天地之大文。而汉学不及矣！来氏所说的错卦，是阴阳之正对，即阴阳相错，也就是虞翻所说的旁通。综卦，是两卦的反对，把卦倒过来看。错综说源自《系辞传》："参伍以变，错综其数。"来知德以为阳卦错阴，阴卦错阳。两象反对则相综，与虞翻旁通说相同，而其义尤精。六十四卦中，乾、坤、颐、大过、坎、离、中孚、小过八卦有错无综，泰、否、随、蛊、渐、归妹、既济、未济八卦错综同象，其他四十八卦错综两象均异，后世沿用其说。《周易象意》一书谈卦象以错卦、综卦和互卦之象进行分析，在备述前贤之论外，参验著者治易心得，融会贯通，颇有新意。

东汉王弼有感于两汉易学重象数轻义理，于是提出"扫象"说，认为《易》的本质是义理，象只是表意的一种形式，可以"得意以忘象"。但是王弼并不否定象，认为学易者必须通过象来理会易中之理，在得其意后可以忘掉象。王弼"扫象"，以老庄思想解《易》，其说来自《庄子》。庄子在《外物篇》中，以置筌扑鱼和撒网猎兔为喻，说明言和意之间存在手段和目的的关系，强调把握事物本质的重要性。提出"得鱼以忘筌""得意以忘言"。

王弼所得之"意"，并非是孔子《十翼》中所阐发的儒学义理，而是老庄及魏晋玄学之意。王弼对易学的贡献是使治《易》者从繁琐的象数和儒家义理学说中解脱出来，观象会意，感而遂通，尽情发挥。

宋代是义理易学发展的高峰。程颐把《周易》上升为易道的哲学高度,认为"事尽天理，便是易也"。朱熹集宋代易学之大成，认定"易本卜筮之书"，将宋代兴起的"伏羲九图"收入《周易本义》中，承继程颐也把《周易》视为哲学，认为"易则是个空的物事"，"看人做甚事，皆撞着他"，世间任何事，都可以与《易》发生关系。程朱以天理说《易》的思想，被后世称为"新儒家学派"，对易学研究产生了深远的影响。

程朱的义理易学按哲学分类属于理性思维，这和易理是不同的概念。现代易学研究中，有的学者经常从思维方式的角度对象数易学和义理易学进行比较分析，认为象数易学反映的是形象思维，义理易学反映的是抽象思维。现代学者吕嘉戈将易学思维定义为特殊的形象化方法，并且认为：这种形象化方法"是高于抽象的方法，是抽象与形象化结合的产物。形象是抽象了的形象，抽象是形象化了的抽象"（吕嘉戈：《中国哲学方法》，2003年，第66—67页），是说到了易学思维的点子上。易学之所以被称为中国哲学的哲学，阴阳之道是易学思维的集中体现，阴阳对立是易道的格局，阴中求阳，阳中求阴，阴阳和合是理论的超越。王弼提出意象之辨，象者存意，意者由象，意和象构成了中华易学的思维特色。

子曰："书不尽言，言不尽意。"然则圣人之意，其不可见乎？子曰："圣人立象以尽意，设卦以尽情伪，系辞焉以尽其言，变而通之以尽利，鼓之舞之以尽神。"（《系辞传》）

如何了解古代圣人的思想？认识世界，通晓万物。孔子感叹易书不能详尽叙述圣人要说的话，语言也无法尽情表达心意。所以圣人立奇偶二象，反覆其象，深入探究，则意无不尽矣；设卦者以阴"－－"、阳"—"两个符号排列组合六十四卦，刚柔交错，辨其顺逆，默而识之，则真情和虚假也就看透了；系以象辞和爻辞，则其所言之意，则可尽情表达了；于是设筮以占：分九、六、七、八之数，看其象之动静，研究其变化而通其意，使之趋吉避凶，鼓舞世人，则可尽变化之神妙，掌握圣人垂教认识世界的方法了。象、数、意、言、筮占、动变，这种立体、层次、交叉、变化式的思维方式，是中华哲学把握世界的不二法门。

子曰："《易》有圣人之道四焉：以言者尚其辞，以动者尚其变，以制器者尚其象，以卜筮者尚其占。"

圣人之意，谁能识之？百姓日用而不知。孔子之后易道不传也久矣！朱子识之。朱熹在《周易本义·序》中说："至哉易乎！其道至大而无不包，其用至神而无不存。时固未始有一，而卦未始有定象；事固未始有穷，而爻亦未始有定位。以一时而索卦，则拘于无变，非易也；知所谓卦爻象象之义，而不知卦爻象象之用，亦非易也。故得之于精神之运、心术之动，与天地合其德，与日月合其明，与四时合其序，与鬼神合其吉凶，然后可以谓之知易也。"

《周易象意》一书观象多用汉学《焦氏易林》，宋朱震《汉上易传》，明来氏错综之法，及近代《周易尚氏学》；解义理则宗孔子《系辞传》《周易程氏传》及朱熹《周易本义》，亦会通老庄之意，兼用儒道两家学说，无门户之见，其意在集思广益以明经，可视为治《易》之一途。

《周易象意》一书作者认为：易学是观象之学。学易者通过观象以会意，从形象到抽象，再从抽象广拟于形象，感而遂通，于是天下之理得矣。读完《周易象意》一书原稿，深感著者阅历之丰富，知识之广博，悲天悯人之家国精神。书稿中"易学通感"一栏，触类旁通，充满了沧桑之感。

庄子云："吾年也有涯，吾知也无涯。"易水三千，苟吾能取一瓢饮，足矣。这也许是《周易象意》一书作者的原意吧。

乙未年小寒于台湾

本书使用说明

一、《周易象意》一书所据版本，以中华书局最新版朱熹著的《周易本义》为主，参校上海古籍出版社出版的黄寿祺、张善文撰的《周易译注》，及中华书局出版的郭彧译注的《周易》等书。

二、六十四卦各卦题首如"乾宫之首"提示，列出互卦、错卦（用荀爽说）和综卦（来知德说），系著者加上的。其意是为了使读者用纳甲法方便，多角度、多层次、多思维取象。以屯卦为例：

坎宫二世卦

互卦　剥　　　　艮上坤下　山地剥

错卦　[错]　　鼎

综卦　[综]　　蒙

注：互卦，是由本卦的两个内卦组合而成的。即把本卦中的第三、四、五爻拿出来作为互卦的上卦，本卦的第二、三、四爻，拿出来作为互卦的下卦。上卦、下卦组合在一起，就得到了互卦。

错卦，是与本卦阴阳全颠倒的卦，即每个爻阴变阳、阳变阴而得到的卦。

综卦，就是把本卦倒过来看。

三、本书正文部分有题解、卦辞和卦辞译文、彖辞和彖辞译文、大象辞和大象辞译文、卦辞中难懂字词的释辞、卦辞的观象会意以及该卦各爻的爻辞和小象辞、爻辞和小象辞译文、爻辞中难懂字词的释义，各爻的观象会意，最后有该卦的易学通感等。

（一）题解。是让读者对该卦卦象、卦序、卦义有简明扼要的了解。如：

【题解】

乾卦是《易经》六十四卦中的第一卦，在《周易》中具有开宗明义和立纲定向的性质。乾卦六爻都是阳爻，与六爻纯是阴爻的坤卦分别代表天和地，其余六十二卦都是阴阳错杂相交感而产生出来的，因此前人说："乾坤者，众卦之父母。"乾坤两卦是学习《周易》的门径，它们包含了《周易》的主要意蕴。乾卦取象于天，是取象于天的性质，天的性质就是健，健是天体有规律地运转，永不停息。健的本质就是《周易》中的阳刚因素，乾卦的主旨，就是勉励人们效法天的刚健精神，自强不息、奋发向上。王夫之说：乾，气之舒也。为气为神。当代新儒家学派代表人物熊十力说：乾为生命和心灵诸现象，坤为质和能诸现象。

（二）卦辞和卦辞译文。译文以意译为主，侧重对卦象的破译。如：

乾：元，亨，利，贞。

【译文】

乾卦，元始，亨通，顺利，贞正。大气周流，如春夏秋冬，昼夜四时，永远循环运行。

（三）象辞和象辞译文。《象辞》为《易经》中解释卦义的文字，象辞亦称"卦辞"，又称《象传》。说明《易经》各卦之义，专门解释卦名、卦象、卦辞，而不涉及爻辞。如：

《象》曰：大哉乾元，万物资始，乃统天。云行雨施，品物流形。大明终始，六位时成，时乘六龙以御天。乾道变化，各正性命，保合太和，乃利贞。首出庶物，万国咸宁。

【译文】

《象辞》说：太伟大了，开创万物的乾阳之气，万物借助你才会有生命，你统领着大自然。行云布雨，造化的生机，使万物化生，获得了不同的形体。太阳从早到晚反复运行，形成了白昼的六个时段，就像阳气按时乘着六条巨龙驾御大自然。乾阳之气的运行变化，使万物的生命各得其宜，永远保持着太和元气，以利于守持正道，阳气周流不息，又开始重新萌生万物。乾阳之气首先创造了众多的万物，使天下的人都得到休养生息于祥和的气氛之中，天下万邦都得到安宁。

（四）大象辞和大象辞译文。象辞的作者，古今研究《易经》的学才，根据传统的观念，认为象辞是孔子所作。但也有怀疑的见解。总之，象辞，就是研究《易经》卦象的心得。八卦和八八六十四卦，本来就是抽象的，是象征符号。但为了使人容易了解，指出现象界中，人们的耳目感官与意识思想可以体会观察的东西，作为卦象的解释，所以便称它为象辞。

《象辞》与《象传》各有侧重，《象辞》侧重从卦象的角度对各卦卦辞进行阐述的，称为"大象"，解说爻辞的叫"小象"。《象传》与《象辞》的区别在于：《象传》释卦名或卦象、卦德，总是由天道而推及人事；而《大象》只取卦的上下两象经义，只讲人事，是孔子对易道的发挥和社会应用。如：

《象》曰：天行健，君子以自强不息。

【译文】

《大象辞》说：天体的运行刚强劲健，昼夜不息。君子效法天道刚健的精神，应当自强不息。

（五）卦辞中难懂字词的释辞。如：

【释辞】

乾，健也。《周易本义》："乾者，健也，阳之性也。"《子夏传》：元，始也；亨，通也；利，和也；贞，正也。元、亨、利、贞，分别代表春、夏、秋、冬四个季节，仁、礼、义、智四种美德。

（六）卦辞的观象会意。"观象会意"是本书的重要栏目。《周易·系辞传》说："易者，象也。"孔子曰："圣人立象以尽意，设卦以尽情伪，系辞焉以尽其言。变而通之以尽利，鼓之舞之以尽神。"（《系辞传》）《易经》是门观象的学问，属于形象思维。读《易》者通过观象的体会，融会卦爻各象之意，从形象到抽象，再从抽象广拟于形象，感而遂通，于是天下之理得矣。所以周易的卦、爻辞并非历史事件的叙述，也不是作《易》者主观的杜撰，而是客观世界纷纭的万象，通过卦爻符号的排列组合变化，被人的感觉器官所感知并产生联想的语言模述。"观象会意"一栏重点通过卦象来理会卦意。"意"与"义"是一个意思，而"意"的语意更加广泛。本书用"意"而不用"义"，旨在与儒家狭义的义理之《易》区别开来。《易经》之学既有周文王、孔子的儒家之易，也有道家的黄老之易。《道德经》《黄帝内经》均属黄老之易。两千多年易学发展历程，研究孔子之易的著述汗牛充栋，而研究老庄之易的仅在道观和民间了。如：

【观象会意】

"元亨利贞"四字是周文王所作的卦辞，用来判断一卦的吉凶。元，是始；亨，是通；利，是适宜；贞，是正而固定。文王以为乾道大通而至正，所以占得乾卦而六爻安静不动的，就用此四字为占断结论。其义是：占卜的人会得到大的亨通，但是必须是利于正道，并且保持到始终。元亨利贞用于天道，古人仰观天象，认识到天的本质元素是沛然刚健的。阳气顺着春、夏、秋、冬四季而循环往复，主宰着整个大自然。"天之德莫大于四时，元亨利贞，即春夏秋冬，即东西南北。"(《周易尚氏学》)

（七）该卦各爻的爻辞和小象辞、爻辞和小象辞译文、爻辞中难懂字词的释义，各爻的观象会意。

爻是组成卦符的基本符号。"—"为阳爻，"--"为阴爻。这也是表述阴阳的初等基础符号，也可以称为一级或初级符号。

六爻既可以指从下向上排列的六个阴阳符号的组合，也可以特指这个组合中最上面的一个爻。在最下面的符号称为初爻，最上面的符号称为"六爻"，如果"六爻"是阴爻，那么"六爻"也可以说成"上六"。说明爻义的文辞，《周易》六十四卦，每卦六爻，共三百八十四爻，加上乾、坤两卦各有一用爻，总为三百八十六爻，故有三百八十六爻辞。每爻先列爻题，后为爻辞。爻题皆为两字，一个表爻的性质，阳爻记为"九"，阴爻记为"六"；另一个表爻的次序、位置，自下而上，分别记为初、二、三、四、五、上。爻辞是组成各卦内容的主要部分。如：

初九：潜龙勿用。

《象》曰：潜龙勿用，阳在下也。

【译文】

初九，龙潜伏在水中，发挥不了作用。

《小象辞》说：龙潜伏在水中，发挥不了作用，因为阳气蕴藏地下，尚未透发出来，不能有所作为。

【观象会意】

易气从下生，一阳初生。初、二两爻于三才为地道，伏藏地下，故曰勿用。勿用二字是为占卜人说的。初九阳居阳位，刚健向上，是潜力无限。但时机未到，犹如龙在潜伏之中，不能动也不宜动。比拟于人，卦位初为士，为位卑职微之人，为初出茅庐的青年。人处初九之时，需韬光养德以待时，不宜有所作为。如诸葛亮躬耕于南阳，自称"卧龙先生"。

（八）易学通感。"易学通感"一栏有感于夫子的赞易极深而研几，感而能通天下之志。如：

【易学通感】

乾卦得阳气之纯，至为刚健。元亨利贞四德，前人称誉备矣。然而神龙之腾飞，亦有潜、见、惕、跃、飞、亢六个阶段，而归于用九。乾阳的正能量用之于内圣学，则吾善养吾浩然之气，用之于外王学，则为生民立命，为万世开太平。然而阳刚过亢绝非好事情。治国过于阳亢，社会上就充满了暴戾之气，政府和民众尖锐对立；身体过于阳亢，阴阳就严重失衡，呈现气血偏枯不通等疾病。

对于不变的纯阳乾卦，西汉的《焦氏易林》是另一番评价："道陟石阪，胡言连塞。译瘖且聋，莫使道通。请谒不行，求事无功。"陡峭的青石板山路，难以攀登；口齿不清，行动不便，分明是脑血栓后遗症。请谒不行，求事无功的原因是乾卦是六冲卦，没有妥协的余地。乾卦的最高境界是"乾元用九，天下治也"。其中的玄机就是"一阴一阳之谓道"。阴阳平衡的身心，是健康的身体；阴阳平衡的社会，就是和谐的社会。

（九）关于《文言》。

本书《易传》部分栏目视难易程度进行了不同的简化处理，仅保留了题解、释辞和译文。只有乾坤两卦有《文言》部分，《文言》有释义一栏，《文言》者，文饰之言也。孔子盛赞："乾坤，其《易》之蕴邪！"因此对乾坤两卦特写了《文言》一翼，反复阐述乾坤两卦的微言大义。

目 录
CONTENTS

·上经·

·下经·

上经

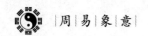

乾　第一卦

乾宫八卦之首，象天。

乾 ䷀ 乾上乾下　　【错】䷁ 坤　　【综】䷀ 乾
中爻重乾

【题解】

乾卦是《易经》六十四卦中的第一卦，在《周易》中具有开宗明义和立纲定向的性质。乾卦六爻都是阳爻，与六爻纯是阴爻的坤卦分别代表天和地，其余六十二卦都是阴阳错杂相交感而产生出来的，因此前人说："乾坤者，众卦之父母。"乾坤两卦是学习《周易》的门径，它们包含了《周易》的主要意蕴。乾卦取象于天，是取象于天的性质，天的性质就是健，健是天体有规律地运转，永不停息。健的本质就是《周易》中的阳刚因素，乾卦的主旨，就是勉励人们效法天的刚健精神，自强不息、奋发向上。王夫之说：乾，气之舒也。为气为神。当代新儒家学派代表人物熊十力说：乾为生命和心灵诸现象，坤为质和能诸现象。

乾：元，亨，利，贞。

【译文】

乾卦，元始，亨通，顺利，贞正。大气周流，如春夏秋冬，昼夜四时，永远循环运行。

《彖》曰：大哉乾元，万物资始，乃统天。云行雨施，品物流形。大明终始，六位时成，时乘六龙以御天。乾道变化，各正性命，保合太和，乃利贞。首出庶物，万国咸宁。

【译文】

《彖辞》说：太伟大了，开创万物的乾阳之气，万物借助你才会有生命，你统领着大自然。行云布雨，造化的生机，使万物化生，获得了不同的形体。太阳从早到晚反复运行，形成了白昼的六个时段，就像阳气按时乘着六条巨龙驾御大自然。乾阳之气的运行变化，使万物的生命各得其宜，永远保持着太和元气，以利于守持正道，阳气周流不息，又开始重新萌生万物。乾阳之气首先创造了众多的万物，使天下的人都得到休养生息于祥和的气氛之中，天下万邦都得到安宁。

《象》曰：天行健，君子以自强不息。

【译文】

《大象辞》说：天体的运行刚强劲健，昼夜不息。君子效法天道刚健的精神，应当自强不息。

【释辞】

乾，健也。《周易本义》："乾者，健也，阳之性也。"《子夏传》：元，始也；亨，通也；利，和也；贞，正也。元、亨、利、贞，分别代表春、夏、秋、冬四个季节，仁、礼、义、智四种美德。

【观象会意】

"元亨利贞"，四字是周文王所作的卦辞，用来判断一卦的吉凶。元，是始；亨，是通；利，是适宜；贞，是正而固定。文王以为乾道大通而至正，所以占得乾卦而六爻安静不动的，就用此四字为占断结论。其义是：占卜的人会得到大的亨通，但是必须是利于正道，并且保持到始终。元亨利贞用于天道，古人仰观天象，认识到天的本质元素是沛然刚健的。阳气顺着春、夏、秋、冬四季而循环往复，主宰着整个大自然。"天之德莫大于四时，元亨利贞，即春夏秋冬，即东西南北。"（《周易尚氏学》）

大哉乾元，万物资始，乃统天。这一节先解释"元"之义。大哉，是叹辞。元是大，是开始。乾元，是天德伟大的开始，所以万物的生命，皆依赖乾元为开始。《朱子语类》云："元者，天地生物之端倪也。在亨则为生意之长，在利则为生意之遂，在贞则为生意之成。"又元为四德之首，是贯穿天德的始终。故曰统天。

云行雨施，品物流形。这一句解释乾之亨通。《说文》："品，众庶也。"品物流形，各类事物流布成形。指大地间万物因雨水的滋润而不断生长。《系辞》说："天地之大德曰生。"元，是天地给予你生命；亨，是天地促使万物成长。云行雨施，是气的亨通。品物流形，是万物形体的亨通。

大明终始：始，就是元。终，就是贞。不终则无始，这是解释利的。大明，指太阳。终始，日落日出，昼夜之终始。冬去春来，岁月之终始，循环周始。

六位时成：言各以其时而成。六位一指乾卦六爻的六个时段：潜龙、见龙、惕龙、跃龙、飞龙、亢龙；二指六个阳时辰：子、寅、辰、午、申、戌。乾卦纳支。

时乘六龙以御天：六龙只是六爻，龙是譬喻。潜龙、见龙，以时而动。御天，运行于天空。乘此六龙，时当潜藏而慎密，当现而施展，当惕而敬业，当跃而择机，当飞而建功，当亢而戒盈，这是随时变易的禅机。

乾道变化，各正性命，保合太和，乃利贞。这一段谈乾道变化，无所不利，万物各得其性命以自全，解释利贞的含义。变，是化的积累。化，是变的结果。

各正，说的是得于有生命的初始。保合，是保全于已生之后。正，是使生命得其正。性命，天所赋为命，物所受为性，万物各具的属性。保，保持；合，结合或生成。太和，阴阳二气最佳状态下的和谐。《周易本义》云：太和，阴阳会合冲和之气也。乾道即天道。天道按规律运动，万物受其支配，发生变化，各得其应有的属性，保持阴阳二气的和谐，这才能归于正道。

首出庶物，万国咸宁。首，首先；出，生成；庶物，成物。这两句讲如何法天道，并运用到人事上。圣人在上，高出于庶物，也即庶民百姓。在大宇宙之中，万物各正其性命，各有其归宿，乃是乾道变化自然而致，不需要也没有什么力量来主宰他们。圣人效法天道。"首出庶物"，做普天下的领袖而已，是顺其自然的。此"首出"是顺从自然，依时而出现的，而并非强加在人民头上。所以说"首出庶物"与用九的"群龙无首"意思一样，也是不自为天下人的首领。

"保合太和"是乾道变化，各正性命的结果，是乾道的贞定之德。万物发展到此时，达到成熟的状态。圣人"首出庶物"而不自以为天下之首，任凭天下万国各得其所，和谐相安，天下太平，体现了《周易》的政治理想，即追求社会的公平、正义、和谐与理性的统一。

《象辞》与《象传》各有侧重，《象辞》侧重从卦象的角度对各卦卦辞进行阐述的，称为"大象"，解说爻辞的叫"小象"。《象传》与《象辞》的区别在于：《象传》释卦名或卦象、卦德，总是由天道而推及人事；而《大象》只取卦的上下两象经义，只讲人事，是孔子对易道的发挥和社会应用。

天行健，君子以自强不息。健是运行不息的意思。天之运行，四时更替，昼夜更迭，永无止息。君子效法天道之健，以自强不息。自强，是无须外力而自我前行。

初九：潜龙勿用。
《象》曰：潜龙勿用，阳在下也。

【译文】

初九，龙潜伏在水中，发挥不了作用。

《小象辞》说：龙潜伏在水中，发挥不了作用，因为阳气蕴藏地下，尚未透发出来，不能有所作为。

【观象会意】

易气从下生，一阳初生。初、二两爻于三才为地道，伏藏地下，故曰勿用。勿用二字是为占卜人说的。初九阳居阳位，刚健向上，是潜力无限。但时机未到，犹如龙在潜伏之中，不能动也不宜动。比拟于人，卦位初为士，为位卑职微之人，为初出茅庐的青年。人处初九之时，需韬光养德以待时，不宜有所作为。如诸葛亮躬耕于南阳，自称"卧龙先生"。

九二：见龙在田，利见大人。
《象》曰：见龙在田，德施普也。

【译文】

九二，龙出现在田野上，利于见到大人物。

《小象辞》说：龙出现在田野上，恩德必将惠及地方。

【释义】

见，音现（xiàn），出现。下文利"见"之"见"同。

【观象会意】

初、二两爻于三才为地道，初九居地下之位，故称"潜"；九二居地上之位，故称"见"。地上是田，故称田。

乾为大人，二虽不当位而居中，利见者，言大人宜于此时出现也。大人，指有道德、有作为的人。此爻变，下卦为离，为天火同人之卦，故利见大人。这位大人是在基层的大人，他的恩泽将惠及地方。

九三：君子终日乾乾，夕惕若，厉无咎。
《象》曰：终日乾乾，反复道也。

【译文】

九三，君子整天刚健振作，自强不息，到了晚上还是心怀忧惕之心，虽处于危险境地，也不会有祸害发生。

《小象辞》说：君子整天刚健振作，是在道德修养上反复地修炼自己，当然不会有祸害。

【观象会意】

三、四爻于三才为人位，有乾德而在人道，故有君子之象。《周易》是随其事义而取象，即灵活地运用各种象征物来表达特定的象征意义，在乾卦爻辞中，"龙"为阳刚之物，"君子"为健强之人。

从象征角度看，两者都有刚健不息的气质。乾为日，三居下卦之终，故曰：终日乾乾，夕惕若。忧虑行为过于刚健，而有警戒之心。厉，危也。无咎，凡吉无咎，都包含有本应有错而没有犯错，善于及时补过也。

身居下层的九三昭示我们：人在职场中，想要少犯错误，白天努力打拼还不够，晚上还要三省吾身。王船山先生说："此则就君子寡过之深心而言也。"

九三的命运告诉我们：人的一生奋斗，只能是尽人事而凭天命，不是你想到哪里去，就能到哪里去。《周易外传》说："夫九三者功用之终，过此则行乎其位矣。功用者我之所可知，而位者我之所不可知也。"

九四：或跃在渊，无咎。
《象》曰：或跃在渊，进无咎也。

【译文】

九四，或者腾跃上天，或者退处深渊，都没有过错。

《小象辞》说：或者腾跃上天，或者退处深渊，说明审时度势前进，不会有过失。

【观象会意】

或，是想进而未定之辞。九四阳居阴位，居下卦之上，故曰跃。发动变巽，巽为进退、为不果，故又曰在渊。改革之际，进退未定之时，这是进退两难的选择。如能把握随时进退，修炼内功，等待时机，也没有过错。

九四已升到上层，是王佐之位，近于大宝之位九五之君。《系辞传》说"二多誉，四多惧"。虽然九四爻不中不正，是多惧之地；但是处乾之时段的君子，该出手就出手，故有"或跃在渊"之象。《小象辞》说："进无咎也。"船山先生说："九四之跃，时劝之也。"说明谨慎地进取，不会有过失。

九五：飞龙在天，利见大人。
《象》曰：飞龙在天，大人造也。

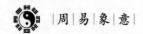

【译文】

九五，龙高飞上天，正是行云布雨之时，天下感受其利，利于见到大人。

《小象辞》说：龙高飞上天，正是大人大展雄才、实现政治抱负之时。

【观象会意】

五居天位，龙飞于天之象。六画卦，五为天。三画卦，中为人，故曰天、曰人。九五居上卦之中，阳爻居阳位又正，刚健中正，以圣人之德居天子之位，故称大人。帝王被誉为九五之尊即出于此，象征事物发展到最完美阶段。林希元说："此爻与他卦九五不同，盖乾是纯阳至健之卦，九五又得乾道之纯，在人则圣人也。"九五发动，全卦变成《火天大有》。《焦氏易林·乾之大有》："上帝之生，福佑日成，修德行惠，乐且安宁。"天下苍生期盼这样大人物救民于水火之中。

上九：亢龙有悔。

《象》曰：亢龙有悔，盈不可久也。

【译文】

上九，龙高飞穷极，必将有所悔恨。

《小象辞》说：龙高飞穷极，必将有所悔恨，因为盈满不能长久保持，如月盈必亏。

【释义】

亢：音抗（kàng），穷高曰亢。

【观象会意】

事物发展，盛极必衰。《周易》第六爻多寓这一哲理，亢则穷，盈则亏，乃天道之自然。功成身退，乃人道之自然。亢是上九的时位，悔是上九的易道修养，上九居乾之极，君位之上，已无位矣！尚健行不已，将何往乎？迷恋权势不能亢。江山代有才人出，各领风骚没几年。上九如能识时通变，及时隐退，以顺应天时。如果迷恋权势而垂帘干政，将遗臭万年。

然烈士暮年，壮心不已。男人活在世上，永不言退的，唯有学问之道，任重道远，永无高亢。发奋著书，乐而忘忧，不知老之将至，死而后已。

用九：见群龙无首，吉。

《象》曰：用九，天德不为首。

【译文】

用九数，六爻皆变，阳刚变为阴柔，出现一群龙，都不以首领自居，吉祥。

《小象辞》说：用九数作为天德，处在阴阳转变之中，不可以首领自居。

【观象会意】

乾、坤两卦各增加"用九""用六"各一爻，使六十四卦每卦六爻，共计384爻，增至386爻。

用九：意为占得乾卦，六爻皆动，则为用九阳刚之极向阴柔转化，用九是变化时所下的断语。遇此卦而六阳皆变者，刚而能柔，故为群龙无首之象。王船山认为群龙无首是："志同德齐相与为群，无贵贱之差等，既为群矣，何首何从之有？"无首就是消除君权，公民志同而德齐，没有特权，人不分贵贱和级别，这就是现代的公民社会。孔子思想之伟大可见一斑矣。

《文言》

【题解】

《文言》是《易传》之一。它只解释乾、坤二卦，着重从伦理道德、品格修养的角度阐发卦义，是孔子易学思想的精粹。前人释《文言》有三种说法：一、文王说：认为是周文王所作；二、文饰说：文谓文饰，"以乾坤德大，故特文饰以为《文言》"；三、释经说：孔颖达说："今谓夫子但赞明易道，申说义理，非是文饰华彩，当谓释二卦之经文，故称文言。"

按：考之《系辞传》孔子反复提示：乾坤其易之缊邪？乾坤其易之门邪？

认为乾坤与其他卦不同，所以对开篇二卦反复论述，以释易之根本。

文言曰：元者，善之长也；亨者，嘉之会也；利者，义之和也；贞者，事之干也。君子体仁足以长人，嘉会足以合礼，利物足以和义，贞固足以干事。君子行此四德者，故曰："乾，元，亨，利，贞。"

【译文】

《文言》说：元，是一切善行之首；亨，是美好事物的聚合；利，是事物得其所宜；贞，如树木的主干，坚固持久。君子身体力行仁道，就能够领导民众，会聚美好的事物足以合乎礼仪，利于万物使事物各得其宜，坚守正道，力行而不移，足以成就事业。君子能亲身践行这四种德性，所以配称："乾，元亨利贞。"

【释义】

《左传·襄公九年》："元，体之长也；亨，嘉之会也；利，义之和也；贞，事之干也。"即《文言》这一段话的由来。

李鼎祚云："元为善长，故能体仁。仁主春生，东方木也。亨为嘉会，足以合礼。礼主夏养，南方火也。利为物宜，足以和义。义主秋成，西方金也。贞为事干，以配于智。智主冬藏，北方水也。"

元，亨，利，贞，又代表了仁、义、礼、智四种善德。

乾卦卦辞的"贞"应当解释为正。《易经》其他的卦、爻辞的贞义：①贞正。②贞固，贞定。③卜问。

以上是第一节，解释元、亨、利、贞四德。

初九曰："潜龙勿用。"何谓也？子曰："龙德而隐者也。不易乎世，不成乎名，遁世无闷，不见是而无闷，乐则行之，忧则违之，确乎其不可拔，'潜龙'也。"

【译文】

初九的爻辞说潜藏期的龙不可妄动，是什么意思？孔子说：龙，比喻有才德而隐居的君子。不因世俗而改变操守，不追求虚名，隐居避世，心中并不苦闷，不被世俗认同也不烦闷。乐于做的事就去做，违心的事就不做。坚定而不动摇，这就是潜龙啊。

【释义】

孔子作的《文言》以提问方式对初九爻辞作出阐述，龙德而隐者也，指的是有龙德修养的君子及其大人物。"勿用"，即是"隐"。"潜龙勿用"，表层意义是不为时所用。而孔子的《文言》则深入揭示内涵。指出"遁世无闷"，其中的"遁"是关键，是指世之不可为而不为，"不易乎世"，是指个人理想，当时不为世俗移易，不与之同流合污，方能做到"不成乎名"。像《庄子·逍遥游》中宋荣子那样，"举世而誉之而不加劝，举世而非之而不加沮"。

"遁世无闷"更难，"不见是而无闷"是更进一层，可见已经达到忘我的程度。

但以乐则行之，忧则违之，即天下有道则仕，无道则隐，绝不枉道以徇人。

"确乎其不可拔"，是什么力量也不能动摇。

孔子在《文言》中反复、充分地讲解乾卦如何运用到道德修养之中，也具体讲解了君子如何学《周易》。

九二曰："见龙在田，利见大人。"何谓也？子曰："龙德而正中者也。庸言之信，庸行之谨，闲邪存其诚，善世而不伐，德博而化。《易》曰：'见龙在田，利见大人'，君德也。"

【译文】

九二的爻辞说：龙出现在田野上，利于出现大人物。什么意思？孔子说：这是说君子应该具备正义中和的品德。只有合乎中正之道的言论才相信，只有合乎中正之道的行为才谨守。关住邪恶的闸门，保持内心的诚信。施善世人而不自我夸耀，道德的力量博大而能感化众人。《易经》说："见龙在田，利见大人"，已经具备人君之德了。

【释义】

龙德而正中者也。只有合乎中正之道的言论才相信，只有合乎中正之道的行为才谨守。程颐说："在卦之正中，为得正中之义。庸言庸谨，造次必于是也。既处无过之地，则惟在闲邪，邪既闲，则诚存矣。善世而不伐，不有其善也；德博而化，正己而物正也。皆大人之事，虽非君位，君之德也。"

闲邪存其诚。是关住邪恶侵入心中的闸门，保持内心的真诚。

善世而不伐，德博而化。善世，即兼善天下之意。伐，矜夸，自居其功，为天下、国家做出好事，却不自夸其德，不自居其功。德博，即《小象》德施普之意。化，教化德博而化，是化成天下，感化他人。

九三曰："君子终日乾乾，夕惕若，厉无咎。"何谓也？子曰："君子进德修业。忠信所以进德也。修辞立其诚，所以居业也。知至至之，可与几也。知终终之，可与存义也。是故居上位而不骄，在下位而不忧。故乾乾因其时而惕，虽危无咎矣。"

【译文】

九三爻辞说：君子整天刚健振作，自强不息，到了晚上还是心怀忧惕之心，虽处于危险境地，也不会有祸害发生。什么意思？孔子说：君子为了提高道德而建功立业。讲求诚信，是为了提高道德修养。修饰言辞建立诚意，是为了成就事业。预知事物将发展到什么地步，就尽力做到什么地步，有这样修养的人，就可以和他谈事物的征兆或先机了。预知事物将得到怎样的结果，就尽力争取这样的结果，这样，可以保持行事的分寸。所以，君子居于高位而不骄傲，处于低位而不忧闷。因此，努力再努力，顺应时势而戒惧警惕，虽遇危险也能免于灾害。

【释义】

君子进德修业。终日乾乾，为了提升道德，推进自己的功德。

忠信所以进德也。讲忠信，是为了增进自我道德修养。

修辞立其诚，所以居业也。修炼自己讲话的诚信度，必须心口如一，容不得半点虚假，这是用来积累事业的途径。

知至至之，可与几也。知终终之，可与存义也。几，几微，先兆。预知事物发展将达到何种地步，就尽力去做到什么地步，有这种修养的人，就可以和他谈事物的细微征兆和先机。预知事物将得到何种结果，就尽力争取这样的结果。这样，可以保持做事的时机分寸。

是故居上位而不骄，在下位而不忧。故乾乾因其时而惕，虽危无咎矣。因此，奋勉不懈地进德修业，顺应时势而戒惧警惕，虽遇危险也能免于灾咎。《正义》云："居上位，居下体之上位，以其知终，故不骄；在下位，处上卦之下位，以其知至，故不忧。"

九四曰："或跃在渊，无咎。"何谓也？子曰："上下无常，非为邪也。进退无恒，非离群也。君子进德修业，欲及时也，故无咎。"

【译文】

九四爻辞说：或者腾跃上天，或者退处深渊，都没有过错。什么意思？孔子说：或上或下没有常势，并非做了邪恶之事。或进或退没有恒态，但始终不脱离同类。君子增进品德创立功业，是为了及时有所作为，所以没有过失。

【释义】

上下无常。可上跃，可下之位，没有常规。胡瑗说："上与进，或跃之义。下与退，在渊之义。"

进退无恒，非离群也。地位可以改变，但不能说是离开同类。上下之交，三、四两爻都是人位，人在天地之间是危险的，所以三危而四犹疑。然而时段已经和九三不同了。九四的欲及时也，是上进之时也。

或跃在渊，主要是时间问题，时当上进则上进，时当下退则下退，一切应随时而不可执着。

但九四归根结底还是要上进，所以提出君子此时应及时进德修业，有所作为，才没有过失。

九五曰："飞龙在天，利见大人。"何谓也？子曰："同声相应，同气相求。水流湿，火就躁，云从龙，风从虎，圣人作而万物睹。本乎天者亲上，本乎地者亲下，则各从其类也。"

【译文】

九五爻辞说：龙高飞上天，利于见到大人。什么意思？孔子说：声调相同，产生共鸣。气息相同，相互追求。水往湿处流，火向干处烧。龙腾而云生，虎啸而风起。圣人有所作为，天下万民都看得见。本源生于天空的向上亲附，植根于大地的向下亲附。万物各依其类相互感应。

【释义】

《周易本义》："作，起也。物，犹人也。睹，释利见之义也。本乎天者，谓动物。本乎地者，谓植物。物各从其类。圣人，人类之首也，故兴起于上，则人皆见之。"程颐说："本乎天者，如日月星辰，本乎地者，如虫兽草木，阴阳各从其类，人物皆然。"这一段以水、火、云、风，日、月、星、辰，鸟、兽、草、木为例，说明万物相应相从，各依其类相互感应。"同声相应"是倡导的人必有众人相和；"同气相求"是有共同的价值观的人互相追求。

上九曰："亢龙有悔。"何谓也？子曰："贵而无位，高而无民，贤人在下位而无辅，是以动而有悔也。"

【译文】

上九爻辞说：龙高飞穷极，必将有所悔恨。什么意思？孔子说：尊贵却没有职位，高高在上无民众拥护。贤人处于下层，自己得不到辅助。所以，只要有所行动就造成悔恨。

以上是第二节解释爻辞之义。

【释义】

汉荀爽说："在上故贵，失位故无位，九三德正曰贤人，两阳无应故无辅。"贤人在下位，指九五以下，从上爻位置看，则九五以下皆为贤人。贤人在下方，上九贵而无位，没人来辅助他，上九以过于高亢而失去民心，所以动而有悔。

"潜龙勿用"，下也；"见龙在田"，时舍也；"终日乾乾"，行事也；"或跃在渊"，自试也；"飞龙在天"，上治也；"亢龙有悔"，穷之灾也；乾元"用九"，天下治也。

【译文】

"潜龙勿用"，阳气潜藏在地下；"见龙在田"，时机未到；"终日乾乾"，君子努力奋发，做应做的事；"或跃在渊"，君子自己验证自己的修养；"飞龙在天"，上居尊位治国安邦；"亢龙有悔"，君子到了最高处，会有灾祸；乾卦"用九"，天下就会得到治理。

以上第三节，以爻象说明人事。从所处地位与时机说明君子如何作出进退动静选择。

【释义】

这一段是对乾卦六爻和用九爻辞作第二轮的解释。"潜龙勿用"，指君子隐藏在下位。"下也"，不是才德不足，而是时代不认同。"时舍也"，言未为时代所用。"终日乾乾"，行事也：鼓励君子每天奋发，做应做之事。"或跃在渊"，自试也：是人生需要大胆的冲刺，大胆的尝试。"飞龙在天"，上治也：居上以治下，是读书人的理想。"亢龙有悔"，穷之灾也：此言高处不胜寒，穷极而不知所变，乾以阳穷为灾。乾元"用九"，天下治也：六爻皆变，其体刚，其用柔。顺天下万民之性，用在政治上，就是国家要富强，政治要民主。刚柔相济，不搞单出头。

"潜龙勿用"，阳气潜藏；"见龙在田"，天下文明；"终日乾乾"，与时偕行；"或跃在渊"，乾道乃革；"飞龙在天",乃位乎天德;"亢龙有悔",与时偕极;乾元"用九",乃见天则。

【译文】

"潜龙勿用",阳气潜藏。是阳气潜藏地下,没有发挥作用。"见龙在田",天下文明。是阳气出现在田野上,草木萌发,大地好像绘出文采。"终日乾乾",与时偕行。是勤奋不息,随着时间一起前行。"或跃在渊",乾道乃革。是乾阳之气上升,将要发生变革。"飞龙在天",乃位乎天德。说明乾阳造就万物的天德已经到位。"亢龙有悔",与时偕极。是说阳气和时间、地位一同到达了穷极之地,不可能继续发展。乾元"用九",乃见天则。是不失时机地把握阳盛而转柔的规律,巧妙运用,就可以体现天道运行的法则。

这是第四节,以阳气的发展阶段与四时变化相结合,解释爻辞,说明天道运行规律,其旨归于政治。

【释义】

以上一节对乾卦爻辞作第三轮解说。潜藏,是阳气尚微而当蓄,时机未到,该韬晦就要韬晦。"见龙在田",天下文明:是先在地方上发挥作用,以文化人,逐步化成天下。"终日乾乾",与时偕行:是努力努力,生生之道不息,与时代一同进步。"或跃在渊",乾道乃革:是阳气上升,变革之时到来,理论要先行。"飞龙在天",乃位乎天德:拥有最高道德的人,才适合居元首之位。"亢龙有悔",与时偕极:飞过头了有悔恨,阳刚到了穷极之地。乾元"用九",乃见天则:刚而用柔,是天的法则。天道为人所法则,故曰天则。

"乾元"者,始而亨者也;"利贞"者,性情也。乾始能以美利利天下,不言所利,大矣哉!大哉乾乎,刚健中正,纯粹精也。六爻发挥,旁通情也,时乘六龙,以御天也。云行雨施,天下平也。

【译文】

"乾元"，开始就亨通。"利贞"，普利万物，保持正固，这是说天的品德和性情。乾阳一开始，就能以美好的利益而广施于天下，而自己不夸耀利物之功，真是伟大呀！刚劲强健而中正，纯粹而精微。六爻依次发动，广通于万物的情理。掌握乾卦六爻变化之理，就好像羲和驾驭着六龙拉的太阳之车，运行于天空。按天时而布云行雨，天下就会祥和安宁。

以上第五节，重申首章之意。

【释义】

这一节对乾卦卦辞"元、亨、利、贞"四德再作解说。元德始生万物，继而使之亨通，荣发滋长，是天理的必然。前面就万物生长收藏解释四德，此则归其功于乾始而赞其大。美利利物而物各得其利，就是说的万物资始乃统天，虽不言所利，而无不利。一元贯彻，所以为大。收敛归藏，保持固有的规律，这是天的品性。天德由乾卦体现，刚、健、中、正四种美德，纯粹而又精致。六爻依次发动，曲尽乾情。掌握乾卦六爻变化原理，好像驾着六条龙运行于天空。云气流行，甘霖施布，天下太平。

君子以成德为行，日可见之行也。"潜"之为言也，隐而未见，行而未成，是以君子弗用也。君子学以聚之，问以辩之，宽以居之，仁以行之。《易》曰："见龙在田，利见大人。"君德也。

【译文】

君子以修身来成就自己的品德，作为行动的准则，每天见于行动之中。"潜"的意思，是隐居而不显现，行为尚未能达到成就其道德的目标，所以君子不要轻率行动。君子求学以积聚知识，发问以明辨是非，宽厚大量与人相处，以仁爱之心去行动。《易》曰："见龙在田，利见大人。"说的是九二虽然处在田间，已具备了人君之德。

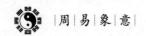

【释义】

君子遵循自己的品德处世，他的行为表现在日常生活之中。潜龙的意义，当德才隐藏于内，尚未现于外，行为未取得成就之时，不要轻举妄动，只有暂时不用，日后方可大用。君子求学以积聚知识，问疑以明辨是非，属于进德。宽厚待人，心量宽则涵养深，所以居而安也。聚之、辨之、居之，属于进德。仁心行事，属于修业。君子以仁爱之心行事，符合天地之仁心，所以在天地间能走得远。所以再次称"见龙在田，利见大人"。九二有了这种道德修养，虽然暂时处于田野之间，已具备了人君的美德。

九三重刚而不中，上不在天，下不在田，故乾乾因其时而惕，虽危"无咎"矣。

【译文】

九三处在上下两乾卦之间，不在二、五爻位。上不到天位，下不在田野，因此应当自强不息，随时有所戒惧警惕，虽然危险却没有过失。

【释义】

九三居两刚相重之处，而不得二、五爻中位，上未至于天，因此没有其权。而下已离开田，不能无所事事。因此要因时而警惕，做所应当做的事，虽有危险可以不犯错误。

九四重刚而不中，上不在天，下不在田，中不在人，故"或"之。或之者，疑之也。故"无咎"。

【译文】

九四处两乾卦之间而不得中位，上不到五爻天位，下不在二爻田位，中间不在贴近地面的人位，所以用"或"字来表示可上可下。"或"字的意思，是心中疑惑啊，因而没有过错。

【释义】

九四比九三更上一爻，三、四爻均属人位。但三爻贴近地面人群，四已升到上卦，爻辞用了"或"字来表示可上可下。文言用了"或之"，指心中有疑，未拿定主意。戒慎恐惧就能免害，所以爻辞说"无咎"。九四不在天不在田，而出人之上，是危厉之地未决之辞。处非可必也，或进或退，唯所安耳，所以无咎也。

夫"大人"者，与天地合其德，与日月合其明，与四时合其序，与鬼神合其吉凶。先天而天弗违，后天而奉天时，天且弗违，而况于人乎！况于鬼神乎！

【译文】

九五的大人，他能与天地的品德相契合，和普照天下的日月同放光明，他的行动与春夏秋冬的天时运作相符合，他的赏罚和神鬼所降的吉凶相当。行动超前于天时，因他有符合天道的预见，天不会违弃他。行动落后于天时，也能遵循天道所昭示的规律行事。老天尚且不违背他，何况是人，何况是鬼神呢！

【释义】

开创天下亘古未有之事，是先天。所作所为合乎天理和普世价值，为万众所认同，是后天。九五爻辞所称的大人，与化育万物的天地同其德，和日月同其光明，和四季运行次序相合。时之未至，我则先天而为之，而天自不能违乎我。时之既至，我则后天而奉而我亦不能违乎天，所以大人与天道规律相契合，天道即是大人。

"亢"之为言也，知进而不知退，知存而不知亡，知得而不知丧，其唯圣人乎！知进退存亡而不失其正者，其唯圣人乎！

【译文】

上九爻辞所说的"亢"，是只知道前进而不知退守，只知道存在而不知灭亡，只知道获取而不知丧失。只有圣人才能思患预防吧！知道进与退、存与亡、得与失的依存关系而不违背正道的，只有圣人啊！

【释义】

上九的"亢"，正因为有这三点过错，所以动而有悔。只有圣人能进极知退，存极知亡，得而知丧。因为圣人乐天知命，通达易理而能权变。

以上是《文言》解说乾卦的最后一节，再次从伦理道德角度阐发六爻之义。要求人遵奉天道规律，审时度势，顺应变化，掌握动静进退关键。

【易学通感】

乾卦得阳气之纯，至为刚健。元亨利贞四德，前人称誉备矣。然而神龙之腾飞，亦有潜、见、惕、跃、飞、亢六个阶段，而归于用九。乾阳的正能量用之于内圣学，则吾善养吾浩然之气，用之于外王学，则为生民立命，为万世开太平。然而阳刚过亢绝非好事情。治国过于阳亢，社会上就充满了暴戾之气，政府和民众尖锐对立；身体过于阳亢，阴阳就严重失衡，呈现气血偏枯不通等疾病。

对于不变的纯阳乾卦，西汉的《焦氏易林》是另一番评价："道陟石阪，胡言连謇。译瘖且聋，莫使道通。请谒不行，求事无功。"陡峭的青石板山路，难以攀登；口齿不清，行动不便，分明是脑血栓后遗症。请谒不行，求事无功的原因是乾卦是六冲卦，没有妥协的余地。乾卦的最高境界是"乾元用九，天下治也"。其中的玄机就是"一阴一阳之谓道"。阴阳平衡的身心，是健康的身体；阴阳平衡的社会，就是和谐的社会。

坤　第二卦

坤宫八卦之首，象地。

坤 ䷁ 坤下坤上
中爻重坤　　　【错】☰ 乾　　　【综】䷁ 坤

【题解】

　　坤卦是六十四卦中的第二卦，它由六个阴爻组成，其内卦和外卦都是三画卦坤。六画卦坤的性质是至顺。周易以坤继乾卦之后，有天尊地卑、地顺从天的寓意。全卦大意在于提示"阴"与"阳"既相互对立又相互依存的关系。阴是处于附从的、次要的地位，依顺于"阳"的存在而发展。如果说乾为生命和心灵，则坤为物质和能量。

　　坤卦阐释大地之德，大地顺承天体而运动，配合天道发挥承载万物、生长万物的伟大功能。乾卦基本精神是刚健中正，而坤卦则是含弘光大，随顺而不超越。两卦相同之处是审时度势，知几识微，掌握变化动向，避凶趋吉。乾坤两卦是天地覆载、阴阳合和关系。坤卦是大地的文化，是被领导者的哲学。应用到人事引申为领导与被领导、老板与员工、男与女等对应关系。

　　坤：元，亨，利牝马之贞。君子有攸往，先迷后得主，利，西南得朋，东北丧朋。安贞吉。

【译文】

　　坤卦，元始，亨通，利于像母马一样坚守正道。君子有所行动，若是抢先居首会迷失方向，要是顺从人后可有人做主，必有利益。往西南会得到朋友，往东北将丧失朋友，但可得到主人，安顺守持正道可获吉祥。

《象》曰：至哉坤元，万物资生，乃顺承天。坤厚载物，德合无疆。含弘光大，品物咸亨。牝马地类，行地无疆，柔顺利贞。君子攸行，先迷失道，后顺得常。西南得朋，乃与类行；东北丧朋，乃终有庆。安贞之吉，应地无疆。

【译文】

《象辞》说：坤元完善到了极点，万物依赖你才能生出，你顺随着天的变化。大地深厚能承载万物，坤德广合而久运天际。你包容一切使它发扬光大，万物都受你滋养而亨通畅达。母马与大地都为坤阴一类，母马驰骋大地，永无止境。母马德性柔顺，利于守持正道。君子有所行动，若是抢先居首会迷失方向，要是顺从人后，柔顺温和就能踏上正途。往西南会得到朋友，可以与朋辈共同行动，往东北将丧失朋友，但最终会有喜庆之事。安于守持正固，将会获得吉祥。顺应大地的美德，福泽将会无边无际。

《象》曰：地势坤，君子以厚德载物。

【译文】

《大象辞》说：大地的势态体现着厚重和顺，君子应当效法大地的品德，不断增厚美德，以涵载万物。

【释辞】

牝马：音拼（pìn），雌马。

攸：所。

【观象会意】

坤卦六画皆为耦，是阴柔的纯，上下皆坤，为柔顺的极致。君子仿效大地之顺，他的占卜会得到大的亨通。然而他必须像牝马一样顺驯才是正道。

元，乾为阳气之始，坤为阴气之始，所以也称为"元"。

亨，乾创始万物，坤为地道，顺从天道而使万物成形，大地既然生育了万物，必然生长茂盛（亨）。

利牝马之贞，取牝马为喻，行地者莫如马，牝取其顺，坤以顺为德。首句意为：坤卦，大为亨通，利于像母马一样守持正固。

君子有攸往，有攸往，即有所往。

先迷后得主，利，是说具有坤德的君子有所前进，如果领先，必会迷失方向。如果随在有乾德的君子后面会遇到主人，吉利。所以《文言》说：后得主而有常。

西南得朋，东北丧朋。往西南方向，则可得到同性朋友（阴类）；往东北方向，则会失去同性伙伴。

安贞吉。但异性相吸，阴必随于阳，这是常道，安于正道就吉利。

至哉坤元，万物资生，乃顺承天。坤厚载物，德合无疆。至，极；至哉，是指大地的无限广阔，万物依靠它方能得以生存；资生，赖以诞生，生，是有形生命之诞生。它温顺地服从天道（乾道）。这是解释坤"元"的坤德，宽厚地负载万物。乾坤之德合而广大无边。

含弘光大，品物咸亨。含，包含；弘，宽弘；包容广阔又滋养万物。众多物类都能通畅生长。这是释"亨"。

牝马地类，行地无疆，柔顺利贞。地与天相对，属于阴性，牝马也是阴性，所以是地类。牝马有耐力，能在无边的大地上行走，它又柔顺从阳，有执着之美德。这是对利、贞的解释。

君子攸行，先迷失道，后顺得常。体现坤道的君子行进，领先则迷惑而失去方向，走在牝马后面（顺阳），就会得到正途。

西南得朋，乃与类行；东北丧朋，乃终有庆。往西南得到朋友，是说与同类同行。而往东北方，虽然失去了同类的伙伴，但是却是跟着阳类后面，阴阳结合，最终必有吉庆。

安贞之吉，应地无疆。安于正道的吉祥，这与大地无限宽广、柔顺的品德是相适应的。

大地高下不一，形势也。故曰地势。李开说："天以气运故曰天行，地以形载故曰地势。"地势坤，是说地势之顺，坤训为顺。厚，用如动词，即君子应当效法大地的品德，不断增厚养德，量无不容，所以能抚绥万民，涵载万物。《中庸》：载华岳而不重，振河海而不泄。就是厚德载物之意。

初六：履霜，坚冰至。

《象》曰：履霜坚冰，阴始凝也，驯致其道，至坚冰也。

【译文】

初六，脚下踏着微霜，不久坚冰就会来到。

《小象辞》说：踩上微霜，将迎来坚冰，说明阴气已开始凝聚，顺着趋势发展下去，坚冰必然会出现。

【释辞】

初爻阴性，用"六"表示，初六动变为阳，下卦为震，震动为趾、为履。

【观象会意】

坤为老阴，阴极则变为阳，错卦为乾，乾初变阳为天风姤卦，时当夏至。一阳初生，阴气微弱，故以霜为喻。故曰阴气始凝。乾为冰为坚，故又说坚冰至。

初六爻辞，履霜，是阴气开始凝聚的象征，顺着这种趋势发展下去，其结果必然达到凝成坚冰。坚冰者，阴柔而动为刚也，指阴柔之物也会变成刚强。

从另一方面立论，《周易》有扶阳抑阴思想，把阳光的、崇高的、善的、正确的都归于阳，把阴暗的、卑下的、丑恶的、错误的都归于阴。如果以阴柔喻之为邪恶之道，习而不已，乃发展至坚冰。有防微杜渐、慎终于始、攘恶于未萌之意。

坤初六"履霜，坚冰"的易理揭示：如果人幼年时期，从小就养其正气，可积累成浩然之气，这就是积善；如果以善小而不为，以小恶为无伤而不改，必会恶积而不可赦，都是由于一念之不善而为萌芽，顺致其道发展下去，终成大祸。普通人常忽视小恶的发展由来，不加以察觉，而圣人之所以成为圣人，在于他能及早察觉分辨出善恶，善恶及早分辨，虽差以毫厘，却谬以千里。

六二：直方大，不习无不利。

《象》曰：六二之动，直以方也；不习无不利，地道光也。

【译文】

六二，正直、四方、广大。不学习也未必不获利。

《小象辞》说：六二的变动，是直的、方的。不学习未必不获利，是大地的柔顺之道发出光芒。

【释辞】

直：端直，像大地一样向前伸展。

方：方正，四方。古人认为天圆地方。天有春、夏、秋、冬，周而复始，故圆；地有东西南北，四个方位，不会易位，故方。天圆地方的认识论形成了中国人"思方行圆"的处世哲学，即思想要方正，合乎正道，而行为要与时偕行，顺天道。

大：大度，大地宽厚广大。

不习：①学习，指人为地雕琢。②重复，《说文》："习"，数飞也。③程颐云："中正在下，地之道也……不习谓其自然。"既顺从自然，没有任何不顺，六二得坤之中正，得坤卦"乃顺承天"，发挥大地的自然光辉。

【观象会意】

六二是坤卦本位，"直方大，不习无不利"。韩康伯曰："居中得正，极于地质。"郑玄认为：大地的形质是直方又大，六二居中得正，是极现大地的体质。君子能够使正直、正义、宽容大度成为自己的本性，言行符合大地的美德，不用装腔作态，顺其自然，将无往而不利，就不会怀疑自己的所作所为了。

此爻动变为《师》卦，《师·象传》曰："师，众也；贞，正也。能以众正，可以王矣。"坤卦六二最能体现大地的光辉，能容民畜众。《小象辞》说："六二之动，直以方也；不习无不利，地道光也。"正直与端方正是坤道的美德。

六三，含章可贞。或从王事，无成有终。

《象》曰：含章可贞，以时发也；或从王事，知光大也。

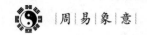

【译文】

六三，文采含蓄不露，可以守持正道。或跟从君王做事，不以成功自居，把成功归于君王，却要尽职尽责地把事情最终完成，会有好的结果。

《小象辞》说：文采含蓄不露，以守持正道，说明六三应当根据时机发挥作用；或跟从君王做事，说明六三眼光深远，智慧广大。

【释辞】

章：文采，坤为文，故曰章，坤为闭，故曰含章。含章可贞，有韬光养晦之义。

贞：固守正道。无成：不追求自己的成就。

有终：恪尽职守把事情做到底。

知：同智。

【观象会意】

六三得到三的阳位，是以阴含阳，阳为章，故曰含章。

《正义》云："章者，阳之美也。"六三阴居阳位，是章美内含，足可以有为，所以是守贞。居下卦之上，势不终藏，故曰或从王事。虽地道无成，而三居下卦之终，但是坤道须阳倡乃应合，待命乃发，含美而守正，故曰"含章可贞"。坤道有事则从，不敢为首，故曰"或从王事"。不为事主，顺命而终，故曰"无成有终"。这是地道以时发而发扬光大。六三处韬晦之位，韬光养晦，隐含文采不露，恪守臣下贞正之道，等待时机而有动作，智慧可以发扬光大。

六四：括囊，无咎，无誉。

《象》曰：括囊无咎，慎不害也。

【译文】

六四，束紧口袋，守口如瓶，没有过错，也没有荣誉。

《小象辞》说：束紧口袋，守口如瓶，没有过失，只有谨慎小心才不会有祸害。

【释辞】

括囊：扎住口袋，比喻不说话，有慎言之义。

【观象会意】

四为坤阴的正位，纯阴则不会有所作为，当变革之时，没有才干的人焉能有所作为，坤，是虚囊之象，纯阴则为结囊口而不出，以收敛其才干，所以无咎。以十二消息卦来看，阴消至四为八月风地观卦。下坤为布，为众；上巽为绳，为入。如同用绳把装满东西的布口袋扎紧。六四重阴不中，故其象占如此。有咎则致罪，有誉则招来猜疑，所以当阴盛之时，唯有谨慎才能远离危害。

俗人只知道过失可以致罪，不晓得荣誉有时也可以招来灾害。因为"事修而谤兴，德高而毁来"。

《庄子》说："为善无近名，为恶无近刑，缘督以为经。"可以作为此爻的注脚。

六五：黄裳，元吉。
《象》曰：黄裳元吉，文在中也。

【译文】

六五，黄色下衣，大吉大利。

《小象辞》说：黄色下衣，大吉大利，说明六五居中又具有文采之美。

【释辞】

裳：音cháng，下衣或裙子。黄，土地之本色。

【观象会意】

《正义》曰："黄，中之色，裳，下之饰。"

六五柔顺得中。黄，是黄土地之色，裳，也是大地之象。六五居上卦中位，虽处中宫，但是从阳而尊，有如王后主内宫，爻辞以黄裳为象，虽正色而为下衣。处于辅佐地位，则合乎坤德。元，大也。所以大吉大利。

《小象辞》说"文在中也"，又是赞美月圆之辞，月受日光，黄色居中，光明四射。六五动，上卦化坎，坎为月。《易林·坤之比》曰："孔德如玉，出于幽谷。升高鼓翼，辉光照国。"说的就是十五的月亮，光明四射，普照大地。

《系辞传》说："圣人垂衣裳而天下治，盖取诸乾坤。"有道家的顺其自然、无为而治的思想。

上六：龙战于野，其血玄黄。
《象》曰：龙战于野，其道穷也。

【译文】

上六，龙在原野上交合，流出青黄相杂的血。

《小象辞》说：龙在原野上交合，是说上六的纯阴之道已到穷途末路。

【释辞】

穷，穷尽也。阴至上六而极，故曰穷。

【观象会意】

上六是最高位，阴至上六，坤德已全。万物由之以生，然而孤阴不生。荀爽说：消息之位，坤在于亥。下有伏乾，阴阳相合，故曰龙战于野，坤为野。《乾凿度》云：乾坤合气戌亥，合气即接。所以战于阴阳交合。古人认为天玄地黄，其血玄黄者，言此血为天地所和合，所以能生万物也。《象传》所说的"乃终有庆"，所庆的就是此爻。

用六：利永贞。
《象》曰：用六永贞，以大终也。

【译文】

用老阴之数六，利于永久守持正道。

《小象辞》说：用六数，永久坚守正道，说明阴极必返回阳刚为归宿。

【释辞】

用:《帛书周易》作"迵（dòng）"，通达的意思。

【观象会意】

乾坤两卦是纯阳纯阴之卦，才能通观其六阳或六阴之爻，因而多出了"用九""用六"两爻题，并各有爻辞。通又有"变"的意思，六爻皆阴，则将变为六爻皆阳。用六爻辞就是产生通变时的断语。六爻皆阴，其道穷也，唯有阴阳相接才能生生不息，才能长久保持坤道活力，柔顺而正固。以阴变阳，虽柔必强，故曰大终。尚秉和说："阳大阴小，以大终者，言阴极必返阳也。"

《文言》

坤至柔而动也刚，至静而德方，后得主而有常，含万物而化光。坤道其顺乎，承天而时行。

【译文】

坤德最为柔顺，发动也会变为阳刚。大地最为安静，它的德行方正。大地随着天体行动，形成常规，包孕万物使它变化光大。坤的本性是柔顺啊，它承奉天体的规律，按时序而运行。

【释义】

九家云：阴动生阳，故动也刚。吴澄说："坤体中含乾阳，如人肺脏之藏气，故曰至柔。然其气机一动而辟之时，乾阳之气，直上而出，莫能御之，故曰刚。"

积善之家必有余庆，积不善之家必有余殃。臣弑其君，子弑其父，非一朝一夕之故，其所由来者渐矣。由辨之不早辨也。《易》曰："履霜，坚冰至。"盖言顺也。

【译文】

积累善行的人家，必有多余的吉庆；积累恶行的人家，必有多余的祸殃。

臣下杀死君王，儿子杀死父亲，不是一朝一夕的偶然变故，作恶的由来是渐变的过程。由于辨查善恶未能及早进行。《易经》说："履霜，坚冰至。"大概是说事情是顺着一种必然的趋势发生的。

【释义】

天下的事，都是积累而成。积累善行的，荣耀及于子孙。积累恶行的，灾殃流于后世。大奸巨贪，都因积累而至，非朝夕所能练成。如何能早些辨别发现，并不需要太大学问。吕祖谦说："'盖言顺也'，此一句尤可警，非心邪念不可顺养将去，若顺将去，何所不至，惩治遏绝，正要人着力。"

"直"其正也，"方"其义也。君子敬以直内，义以方外，敬义立而德不孤。"直方大，不习无不利。"则不疑其所行也。

【译文】

直，是内在品行纯正，方，是外在行为适宜。君子以敬慎之心坚持正直操守，以正义为准则，规范外在的行为。敬慎与正义的精神确立了，他的道德操守不会孤独。正直端方大度，顺从自然，无往而不利。就不会怀疑自己的行为了。

【释义】

直其正也，方其义也。是指内怀正道。方是大地之体。指外在行为有原则性而合乎义。以敬慎的态度保持内心的正直，以恪守正义为准则，作为外在行为的规范，宜行则行，宜止则止。君子敬以直内，是心中专一，心无杂念，义以方外，是说外在表现，处理事情曲直分明，恰如其分。敬做到了，义做到了，他的道德自然不会孤立。"直方大，不习无不利"，则不疑其所行也。君子能够使正直、正义、宽容大度成为自己的本性，言行符合大地的美德，不用装仪作态，顺其自然，将无往而不利，就不会怀疑自己的所作所为了。

阴虽有美，"含"之以从王事，弗敢成也。地道也，妻道也，臣道也。地道"无成"而代"有终"也。

【译文】

阴柔虽然具备贞静美德，但是要含藏不露而用来从事公务，不把成就归于自己。这是大地的道理，妻子的道理，臣下的道理。地道自谦不把成就归于己有，却要替天行道把事情做到底。

【释义】

阴以阳为主，员工以老板为主，下属以领导为主。应当含其本事而不露，把工作做到底，但成就不能归于你自己，这就是被领导者的哲学。

天地变化，草木蕃，天地闭，贤人隐。《易》曰："括囊，无咎无誉。"盖言谨也。

【译文】

天地阴阳运转变化，草木随着繁衍茂盛；天地否塞黑暗，贤德之人就会隐遁。《易经》说：管住嘴巴不说话，没有过错也没有赞誉，大概说的是谨慎的道理吧。

【释义】

六四介乎天地之间，天地交，变化之象。天地变化草木就繁盛。又四以上坤接下坤，重阴固结，封闭之象。三、四为人位，四在三上，贤人之象。社会政治阴盛之时，贤人应当归隐不仕，管住嘴巴，谨慎韬晦。

君子"黄中"通理，正位居体，美在其中，而畅于四支，发于事业，美之至也！

【译文】

君子内含美德，好比黄色中和，通达文理，居于正确的位置。美好的品质存在形体之中，而畅达于四肢，发挥于事业，这是美德的极致。

【释义】

"黄中"，说中德在内。"通"，是全体无不贯通。"理，"是脉络各有条理。这一节称赞中德的美好，兼而解释了黄中的含义。

阴疑于阳必战，为其嫌于无阳也。故称"龙"焉，犹未离其类也，故称"血"焉。夫"玄黄"者，天地之杂也，天玄而地黄。

【译文】

阴气凝注于阳气，必然互相交接。因为怕学易的人疑惑坤卦没有阳爻，所以在爻辞中称龙，又因为阴未失去配偶阳，所以在爻辞中称血表示阴阳交接。血的颜色是青黄杂糅，这是天地阴阳的血混合在一起，天色青而大地是黄土啊！

【释义】

《尚氏学》认为："疑"，即"凝"字。也就是阴凝情于阳。以"战"为交接。夫阴阳相求相应，何疑忌之有，又何来战争？天地若至于战争，又胡由相杂？是皆由战字失诂，不知相杂为何义也，阴凝阳即阴牝阳。阳不见，故曰嫌于无阳。称龙所以明有阳也。阴阳合为类。其血玄黄者，言此血非阴非阳，亦阴亦阳，为天地所和合，故能生万物也。

【易学通感】

君子应当效法大地的厚重和顺，不断积累增厚美德，要拥有大地般的胸怀。宽容和大度，包容一切，包容不同的文化、不同的思想、不同的宗教，具有海涵地负的胸襟，才能容载万物，这种包容精神是中华民族精神的重要组成部分。

坤是大地文化，又是母亲文化。母亲之爱，其德博厚，含弘光大。母亲的一生好似一匹老马，承载着家庭的苦难，她又是冬天的月亮，在寒冷与黑暗中，光耀她的儿女。母亲是儿女的保护神，在她温暖的羽翼下，孩子们"不风不雨，白日皎皎。宜出驱驰，通利大道"（《易林·坤》）。度过了冰霜雨雪，沐浴着阳光，长大成人了。纪念母亲最好的行动就是"利永贞"。永远坚守正道，给天上的父母带来荣耀。

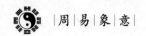

屯　第三卦

坎宫二世卦

屯 ䷂ 震下坎上
中爻坤艮　　【错】䷱ 鼎　　【综】䷃ 蒙

【题解】

《序卦传》说："盈天地之间者唯万物，故受之以屯。屯者，盈也。屯者，物之始生也。"屯卦下震上坎，取象水雷屯。

屯的字形是草木穿地始出，欲伸而未能伸展之形，代表事物始生，充满生机，但毕竟稚嫩，破土而出是艰难的，故名之为"屯"。从卦形上看，内卦为震，震为雷，雷动而鼓育万物，外卦为坎，坎为水，水能滋润养成万物，所以屯卦元亨利贞，但坎卦性质是险和陷。内外卦的卦义是，事物萌动遇到险难，所以屯是险难之卦。但是新生事物生命力极强，只要有百折不挠的奋斗精神，必将欣欣向荣、一派生机。关键在于处屯难之时要坚定信念，万难不屈，自然会建功立业、大展宏图。

屯：元亨，利贞，勿用有攸往，利建侯。

【译文】

屯卦象征初生、开始、亨通、利于守持正道，不要有所前往，利于建立诸侯。

《彖》曰：屯，刚柔始交而难生；动乎险中，大亨贞。雷雨之动满盈，天造草昧，宜建侯而不宁。

【译文】

《象辞》说：屯卦，譬如天地开始相交而艰难随着萌生；在险难之中行动，尽管前途大为亨通但却要守持正道。电闪雷鸣，乌云布满天空，大自然在冥昧之时草创万物，此时应当建诸侯安天下，不得安居无为。

《象》曰：云雷，屯；君子以经纶。

【译文】

《大象辞》说：电闪雷鸣，乌云密布，构成屯聚蕴结之象；君子体会云雷的理象，在草创多难之时，把人们组织起来，去治理国家社会。

【释辞】

屯：1. 音谆（zhūn），屯，像种子萌生，破土而出之形。意思是始生而难产。《象辞》："屯，刚柔始交而难生"。《说文》：屯，难也，象草木之出生。
2. 音豚（tún），屯积、屯聚。如九五："屯其膏"。

屯卦卦义代表：困难、盈满、集聚、初生。

经纶：本指治丝，经是抽引，纶是梳理。引申为治理。

【观象会意】

上卦坎为险，一阳陷于二阴之中。下卦震为动，一阳动于二阴之下。屯，有艰难和停止之义，互卦三、四、五爻取象艮，艮为止，所以取象为屯。从卦象上看，内卦震动而鼓育万物，外卦坎水能滋润养成万物，所以卦辞是元亨利贞。

《尚氏学》认为："易本以时为主，屯是震春以至坎冬。一年气备，故曰元亨，又曰利贞。"

乾初无为，故无用，往遇险，故说勿用有攸往。侯为君主，乾为君主，下卦震为长子，所以能继承君德，也是君。初九阳居阴下，为成卦之主，是能以贤下人，有得万民之象。九五居尊位，故曰利建侯。

《象传》说大亨贞者，震动故大亨贞。屯卦下雷上雨，互象为坤，坤为多，故曰满盈。坤为茅茹，为乱，故曰草，坤为黑，故曰昧。

《彖传》所描绘的天地洪荒，洪水肆虐，天造草昧，人类始生的屯难情节，如同西方《圣经》中的《创世纪》。远古时期人类祖先，都曾经受到大雨和洪水的威胁，生命动荡于坎险之中。人类的草创时期，正是宜建侯的时刻。

按：乾卦为天道，坤卦为地道。《彖辞》说："刚柔始交而难生；动乎险中"，说的是人道。从卦象看下卦为分娩前的震动；二、三、四爻互象为坤，坤为囊，为子宫；上卦坎为羊水，为险难，展现了人类自身生产的过程与痛苦。在远古时期女人分娩是她一生中最大的危险。东北农村流传下来一句俗谚："老爷们车前车后，老娘们产前产后。"

《大象辞》不说雨而言云，是此卦时尚未成雨，反映了屯塞不通的现状。处此纷乱之时，君子应当要像梳理乱丝一样，负担起筹划国家未来的责任，治理国家社会。

初九：磐桓；利居贞，利建侯。
《象》曰：虽磐桓，志行正也。以贵下贱，大得民也。

【译文】

初九，盘旋不进，利于居正守静，利于建立诸侯。

《小象辞》说：虽然盘旋不进，君子的心志行为能保持端正。身份尊贵却对民众谦恭，会大得民众之心。

【释辞】

磐桓：音盘环（pán huán）。徘徊不进，在原地打转，也作"盘桓"。磐为大石，桓为树木，石压树木，阻碍生长。

【观象会意】

王船山曰："刚柔之始交，震也；再交，坎也。一再交而卦兴，阳生之序也。故屯次乾坤。"屯卦是刚柔始交而难生，自然界生命的产生，也是人类分娩的阵痛，所以屯卦说的是人道。天地之交，雷雨满盈，草木丛生，万物之始，正是建功立业的恰当时机。

初九为内卦震的主爻，震为长子，所以说"利建侯"。但是动而遇到险难，故徘徊不进。《正义》云："前进有难，故磐桓且往。"

《尚氏学》认为：外坎故利居贞不动。震为主，建侯则坤民有主，故利。坤为民，阴贱阳贵，阳在下，故曰以贵下贱。阳为大，初阳临群阴，有刚阳之才，于屯难之时竟能自处众阴之下，是以贵下贱，所以能受到拥护，大得民心。

六二：屯如，邅如，乘马班如，匪寇婚媾。女子贞不字，十年乃字。

《象》曰：六二之难，乘刚也。十年乃字，反常也。

【译文】

六二，盘旋不前，骑着马团团打转，不是贼寇，是来求婚配的。女子贞定自守，不生育，十年之后才生育小孩。

《小象辞》说：六二的艰难是凌乘于阳刚之上。十年后才生育小孩，是返回了常道。

【释辞】

屯：艰难。

如：语助词，同"若"。

邅：音沾（zhān），马行而健。

屯如，邅如：行而不进，进退两难的样子。

乘：音圣（shèng）。

乘马班如：震为马，六二凌乘初九，故曰乘马。班如，言行列不前也。

字：生育。

【观象会意】

五爻坎为寇，二与五阴阳相应，故曰匪寇，婚媾。二爻前往就九五，为三、四所阻，下又为初九所牵系，互坤为虚，所以不字，字为怀孕。坤为年，其数十，所以说十年乃字，是说六二必历尽坤阴之数，乃得与九五完成正应。

《小象辞》所说的难，指六二凌乘初九，乘刚势逆，故字难。反常：说的是数穷则返回得常，即返于常道。

六三：即鹿无虞，惟入于林中。君子几，不如舍，往吝。
《象》曰：即鹿无虞，以从禽也。君子舍之，往吝穷也。

【译文】

六三，追逐野鹿没有虞人做向导，只会进入莽莽林海之中，君子应见机行事，舍弃不逐，要是一意前往必有悔吝。

《小象辞》说：追逐野鹿没有虞人做向导，是白白跟着野兽跑。君子放弃野鹿不追，因为追下去，必将导致穷困。

【释辞】

即：接近。

虞：管理山林的官。

即鹿：逐鹿。

林：震坎二木，林象。

君子几，不如舍：君子张弩射鹿，不如舍。

几：几微，先兆。一说几为弓弩。

吝：受困而有所悔恨。往吝，是行难之意。

禽：概指禽兽。

【观象会意】

震为木，三上互艮也为木，上坎亦为木，故曰林中。六属阴柔不能有所作为，三则震体而志刚，率意躁进，属于妄动。即，是接近。好比欲捕获鹿而没有虞人做向导，前面临近坎险，就会陷于林中出不来。几，是先兆。君子看到事物的先兆，知其不可为，不如舍弃。如果贪得而前往，则徒取羞吝而已。这是告诫占卜者应当放弃。六三的启示：若想退步抽身早。

六四：乘马班如，求婚媾。往吉，无不利。
《象》曰：求而往，明也。

【译文】

六四，乘着马团团打转，欲求婚配。前往吉祥，没有不利。

《小象辞》说：求于婚配而前往，是明智的表现。

【观象会意】

坎坤都为马，故曰班如。二、三、四爻互艮，艮为求，六四与初九本为正应，可以婚媾，所以是求。但二、三两阴爻从中阻隔，知其阻而求之，所以是往吉。六四上承九五之阳，下有初九之应，所以说无不利。

《小象辞》说："求而往，明也。"初至五互象大离，离为光明。

六四爻阴居阴位得正，有了战胜屯难的条件。但又处于上卦坎的下位，脱困之力不足，仍有徘徊不进的状态。于是向下与自己相应的初九求助，借初九的雷震之力向上面的险阻行进，故吉而无不利。

六四：执着的追求，必获成功。

九五：屯其膏，小贞吉，大贞凶。

《象》曰：屯其膏，施未光也。

【译文】

九五，屯聚膏泽不向下施，占卜小事吉祥，占卜大事凶险。

《小象辞》说：屯集膏泽不向下施，是说九五所施德泽尚未及光大。

【释辞】

膏：本指油脂，此指雨泽。

贞：占卜。

光：广也。

【观象会意】

膏，是膏泽。水凝聚膏泽以滋润万物。九五为坎水之主，有阳刚中正之德，理应向下施放膏泽。但是上方有上六掩盖，又陷于险中，是无能力而往，这是雷动云兴，时雨不能下降之象。《尚氏学》："坎水故曰膏，坎陷故屯其膏。盖五虽下履重阴，然坤民三分之二为初所有，四又应初，五虽君位，实无一民，故膏泽无所施也。小谓二，五应二，阴得阳应故吉；大谓五，五虽拥尊位，威柄下移，孤露无辅，故大贞凶。"

一说，九五是一卦主爻，要看全卦象。坎为豕，离为火。上坎取猪肉象，二、三、四爻互坤，象"釜"，初至五互大离，为大火。把猪肉装入釜内，下面烧火，提炼猪的油脂。

程颐说："九五之屯，以其无臣也，即膏泽有所下，是威权不在己也。威权已去而欲骤正求之，求凶之道，鲁昭公高贵乡公之事是也，故小贞则吉也。"

上六：乘马班如，泣血涟如。
《象》曰：泣血涟如，何可长也？

【译文】

上六，乘马来回旋转，哭泣伤心，血泪涟涟。
《小象辞》说：泣血涟如，如何能够长久呢？

【释辞】

涟如：泪流不断之貌。

【观象会意】

上六乘坎五，五为卦主，坎亦为马，故曰乘马。上六阴柔，无才以济世，故虽然承坎阳之马，而仍有班如之象。坎为血，故为泣血。坎为加忧。上六阴柔无应，处屯之终，进无所往，忧惧而已。

《小象辞》说："何可长也？"上六居卦之极，故曰不长。然而屯极应当变通，上六徒自忧伤，只会长陷于屯难之中。《小象辞》说"何可"，即假以变通，就不会长久地哭泣。

上六柔弱无助之人，不能脱离险境。

【易学通感】

《周易》有屯、坎、蹇、困四难卦。屯卦是天地始交而难生。开天辟地、雷雨满盈、草昧丛生，人类的生存环境极为恶劣。云雷屯结而不雨，则旱象不除；人心郁结而不通，则政不能治；气血郁结而不通，则百病杂生。所以屯难之时，正是解决问题、建功立业的好时机。《彖辞》说利建侯，《象辞》说以经纶，都是指君子在政治上大有作为之时。功业险中求，最大的风险中，孕育着最大的亨通。然而只有为天下苍生奋斗的正道，才会成功，才能大得民众。

蒙　第四卦

离宫四世卦

蒙 ䷃ 坎下艮上
中爻震坤　　　【错】䷰ 革　　　【综】䷂ 屯

【题解】

此卦下坎上艮，取象山水蒙，象征蒙昧。《序卦传》说："物生必蒙，故受之以蒙。蒙者，蒙也，物之稚也。"《屯》与《蒙》互为综卦，"屯"两叶嫩芽破土而出；"蒙"是杂草丛生。稚小的特点是童蒙未发，杂乱蒙茸则需要清理，所以《杂卦传》说："蒙杂而著。"杂，是杂乱无章，没有头绪。著，是显著清楚。蒙卦所提示的启蒙教育，就是将童蒙未发的小孩子的头脑理出头绪。艮为山、为止，坎为水、为险。合而观之，是山下有险，遇险而止，泉水始出，未有定向之象，如人之始生，稚小蒙懂，去向未定，所以叫"蒙"。

蒙：亨。匪我求童蒙，童蒙求我。初筮告，再三渎，渎则不告。利贞。

【译文】

蒙卦，亨通。发蒙之道不是我去求蒙昧的儿童，是要蒙昧的儿童来求我。求学之道如同求神占卜，必须虔诚。初次占筮，可以告诉他（同样一件事）。

如果两次、三次地占筮就亵渎了神灵，亵渎了就不再告诉他。教学的原则，利在得其正道。

《彖》曰：蒙，山下有险，险而止，蒙。蒙亨，以亨行时中也。匪我求童蒙，童蒙求我，志应也。初筮告，以刚中也。再三渎，渎则不告，渎蒙也。蒙以养正，圣功也。

【译文】

《彖辞》说：蒙卦，如同山下有险阻，遇险而止，蒙住了，不知往哪里去。蒙卦，亨通，是说可以顺沿亨通之道施行启蒙，把握适中的时机。不是我求蒙童，而是蒙童来求我，这样双方的志向就能相应。"初筮告"的卦辞的意思是说，九二是刚爻又居中，有中庸之道、刚毅之德，具备正确指导的能力，故可告诉。"再三渎，渎则不告，渎蒙也"是说同问一件事一而再、再而三地占筮，这是一种既蒙稚又亵渎的做法，当然不能告诉他。童蒙时期可以培养出纯正无邪的品德，这是造就圣人的成功之路。

《象》曰：山下出泉，蒙；君子以果行育德。

【译文】

《大象辞》说：高山下流出泉水，涓涓细流，汇成江河。君子的行动要像水之必行，果决不疑，君子之修德要像山泉之清纯不杂。

【释辞】

蒙：蒙昧，稚弱。

筮：占卜时用的筮草或竹签，此指占卜。渎：亵渎。

告：音古（gǔ）。

【观象会意】

上卦艮为少男，下卦坎为隐伏不明，故卦名为蒙。蒙，蒙昧。《序卦传》说："蒙者，蒙也，物之稚也。"稚小的特点是童蒙未发。九二为成卦之主，刚中有应，所以为亨。艮为童蒙，为求。

九二至上九为正反艮，有互相求之象，我系指九二，匪我求童蒙，童蒙求我，是说九二不必求六五，六五自来应九二，《彖辞》曰"志应也"，是指九二与六五上下相应。震为言，所以说告。九二至上九又为正反震，话说多了，所以是渎。渎，是亵渎。震为反艮，艮为止，所以不告。

初筮告的意思是说，九二爻阳刚居中，有中庸之道，刚毅之德，具备正确的指导能力，故可告诉。

"再三渎，渎则不告，渎蒙也。"是说同问一件事，一而再、再而三地占筮，这是一种亵渎的做法，所以不能告诉他。

艮、坎卦的卦时都为冬天卦，所以说利贞。

《乾》《坤》之后，继以《屯》《蒙》二卦，有天地，即有君师。屯卦说"利建侯"，是君道；蒙卦"童蒙求我"，是师道。

从爻位来看，二爻阳爻得中，并与五爻阴爻相应，构成了启蒙的主体。六五虽处君位，但是阴柔稚弱，成为接受启蒙教育的主体。老师为阳，学生为阴，二者相应，启蒙得以顺利进行。我指九二，是老师。童蒙指六五，是受教育者。《礼记·曲礼》说"礼闻来学，不闻往教"，教学原则来源于蒙卦。

《彖辞》说："蒙以养正，圣功也。"是说启蒙教育的重点在于启发幼童的才智，涵养其纯正的善良本性，这是师道神圣的不朽功业。

通过启蒙教育，使小孩子养成"人之初，性本善"的习性。

艮为君子，艮又为男，艮为石，石坚。震为行，故《大象辞》说"果行"，坚定不移之志。蒙卦上艮下坎，如山中流出泉水，汇成滔滔江河。君子领悟此象，坚定自己意志。行动要像水之必行，培育奋斗不息的品德。

初六：发蒙，利用刑人，用说桎梏，以往吝。
《象》曰：利用刑人，以正法也。

【译文】

初六，对蒙昧的开发教育，最有利的是树立典型教育人，使人免犯罪过。若不专心受教，急于求进，必将有所悔吝。

《小象辞》说：初六，树立典型教育人，是小惩大戒，能够及早端正法规。

【释辞】

发蒙：启蒙。《论语·述而》："不愤不启，不悱不发。"

说：音脱（tuō），通"脱"。

桎梏：音至固（zhì gù），木制刑具，《说文》：桎，足械；梏，手械。

【观象会意】

爻辞说，要树立典型教育人，使人免犯罪过。初六强调在启蒙之初贵在宽严相济。初六阴柔居下，蒙之甚者。教者要开发其蒙昧，当树立以威，使小孩子有所畏惧，而不敢不努力向善。发蒙之初，利用刑人的道理。正如《礼记》："师严然后道尊，道尊然后民知敬学。"

老子曰："含德之厚，比于赤子。"小孩子不知道害怕。

九二：包蒙，吉；纳妇，吉；子克家。
《象》曰：子克家，刚柔接也。

【译文】

九二，普遍地对儿童进行教育，吉祥。像娶媳妇一样，吉祥。儿子能接管家业。

《小象辞》说：儿子能接管家业，是柔爻与刚爻相互连接。

【释辞】

包：包容。

包蒙：容纳众多蒙昧者，指初、三、四、五诸阴爻而开启教育。

纳妇：九二阳爻包纳众阴爻，合于夫妇之道。

子：指九二；子克家，即九二有能力掌管家政。

【观象会意】

二爻阳居阴中，有包括群阴之象，所以是包蒙。九二爻至上九为大离，离为女，故有纳妇之象。

六五阴爻，应合九二，所以说纳妇吉，二、三、四爻互震，五爻为艮体，震为长子，艮为家，所以说"子克家"。《小象辞》说："刚柔接也"，是说九二同六五，阴阳相交接。

包蒙吉者，师道无所不包，天下无不可教之人，师道所以为大。孔子曰："自行束修以上，吾未尝无诲焉。"

六三：勿用娶女，见金夫，不有躬，无攸利。

《象》曰：勿用取女，行不顺也。

【译文】

六三，不宜娶这女子，她眼中只看见有财势的男子，不顾自身体统，娶她无所利益。

《小象辞》说：不宜娶这女子，因为她行为不温顺。

【释辞】

取：同"娶"。

金夫：指九二，坎二是乾金之子，故曰金夫。王弼以六三为女，上九为金夫。金夫者，美称，喻人之美。

躬：为身体，引申为体统。

【观象会意】

六三在互震、互坤两体之中，震行躁动，互坤为顺，六三以阴居阳，喻不中不正之女子。六三本与上九为正配，但下近九二，与坎同体之中。一见而失身于九二，是不有躬也。三、四、五爻互坤为顺，九二不是正配，所以不顺。《本义》："六三阴柔，不中不正，女之见金夫而不能有其身之象也。占者遇之，则其取女必得如是之人，无所利矣。"

六三爻变，下卦为巽，卦变为《山风蛊》，蛊卦，女惑男也。也指六三作风不正。所以爻辞说，不要娶这样的女子，她见到有钱的男子，就舍弃正配男子而从之，娶这种女人没有好处。此借女子择夫，喻师从老师不专一，二三其德。

六三欲制贪欲，应从启蒙时期抓起。

六四：困蒙，吝。

《象》曰：困蒙之吝，独远实也。

【译文】

六四，困于蒙昧之境，有羞吝。

《小象辞》说：困于蒙昧的羞吝，是唯独六四远离阳实的君子。

【观象会意】

"实"是阳，蒙卦中阳爻为师。六三隔离了九二阳刚，六五隔离了上九阳刚。四处于其间，远离了阳刚的启蒙老师。又无应合，所以《小象辞》说六四"独远实也"。即无人开发其蒙昧，所以为困蒙，为羞吝。

这一爻说的是启蒙教育贵在得到良师，幼小蒙昧的儿童，没有不可改变的天性，为何六四临于困蒙不化的处境？因为九二、上九都是具有阳刚的美德，六四接触不到，谁为它启发其蒙昧呢？所以始终困于蒙之中，而导致羞吝。

六五：童蒙，吉。

《象》曰：童蒙之吉，顺以巽也。

【译文】

孩童的蒙稚正受到启发，吉祥。

《小象辞》说：童蒙的吉祥，是因为他顺从而谦逊。

【观象会意】

六五阴居阳位，所以是蒙，在外卦艮之中，艮为少年，故曰童蒙。六五下应九二，上承阳刚，又居中，所以吉祥。此爻在互体坤上，坤为顺，此爻变则上卦为巽，巽也是顺，所以《小象辞》说："顺以巽也。"

为什么六五爻一顺百顺，因为它处于尊位，拥有一颗赤子之心，又谦顺地向下接受师长的教育，故卦辞说："童蒙，吉。"

以此爻比拟人事，有如处尊掌权的领导和企业老板，要心怀谦顺之心，柔顺之德。向下求教，亲贤师从善人，不断学习管理和业务的知识，才能使自己顺上加顺。

六五爻的启示在于：从小培养孩子的"浩然正气"，这就是《象辞》"蒙以养正"的出处，也是作为父母和师长的责任。

上九：击蒙；不利为寇，利御寇。

《象》曰：利用御寇，上下顺也。

【译文】

上九，用击打的方式启蒙，不利于采取过于暴烈的手段，宜于采取抵御寇贼的方式。

《小象辞》说：利于采取抵御寇贼的方式，可以使上下的意志顺应和谐。

【观象会意】

上艮为手，下坎为盗，为智。上九以刚居上，治蒙过刚，有击蒙之象。寇，引申为害。御，抵御，禁止之义。击蒙有击去蒙昧、启发智慧之意。如佛教的启蒙教育讲究"当头棒喝"，以棒喝使人开悟。古代家教也讲"棒头出孝子"。对于顽劣不化的小孩子，对他严厉些，防止他学坏是必要的，但要掌握分寸，不可太深太过，方法要得当。这样就能起到御寇（不使学坏）的作用。如击之过蒙，结果适得其反。击蒙者就成为寇了（犯体罚的过错）。

《小象辞》说："利用御寇，上下顺也。"是击蒙，不使小孩子学坏，是以威严约束治蒙者，怀颗偏爱受教育者的私心，不违背严师出高徒的道理，作为师道当然顺了。受教育者因师之严，而改过自新，不敢放肆而学坏，作为学生自然也顺了。上下都顺，当然有利于启蒙之道了。

综观蒙卦之师道，九二包蒙，施之以宽。上九击蒙，是施之以严。宽以养其正气，严以止其邪念，宽严相济，师教之道备矣。

【易学通感】

从六四爻的"独远实也"，折射中国当代社会的学前教育。

当今中国社会的幼儿园，从事学前教育的老师多为女性，感受不到阳刚之气，其结果会导致男孩子女性化。所以启蒙教育的老师和环境是重要的。实又为父亲，父亲是孩子的第一个启蒙老师。《三字经》说："养不教，父之过。"心理学家格尔迪说："父亲是一种独特的存在，对培养孩子有一种特别的力量。"英国文学家哈伯特也说过："一个父亲胜过100个校长。"一个好爸爸，能为了孩子撑起希望的蓝天，让孩子拥有灿烂的人生。心理学家麦克闵指出："孩子的智商与和父亲接触的时间成正比。"更为有趣的是，父亲对女孩子的影响要大于对男孩子的影响力，与父亲密切相处的女儿，学习成绩更佳。

美国一项调查显示，即使处于朦胧状态的婴儿，也会因为缺少父爱而出现焦躁、抑郁、易怒等父爱缺乏综合征的。在没有爸爸的家庭中，孩子情绪易冲动，长大后有较多的过错，有较偏激的人格。所以作为父亲，不要让自己的孩子"独远实也"。想一想，那些单亲家庭不和父亲在一起的孩子，他们有多么的不幸。

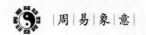

需　第五卦

坤宫游魂卦

需 ䷄ 乾下坎上
　　中爻兑离　　　【错】䷢ 晋　　　【综】䷅ 讼

【题解】

需卦下乾上坎，以云在天上之象，取象水天需。象征养育、需待。需卦排于蒙卦之后，生命处于幼稚阶段，不可不养育。《序卦传》说："物稚不可不养也，故受之以需。"需者，饮食之道也。《彖传》说："需，须也。险在前也。"须是须待。有需求和期待二义。下卦乾为刚健，刚健勇也。前临坎水，不能急于前进，必须等待。这是建功立业须等待。饮食之道是养生的需求，养育要有过程，这个过程也是须等待。如人之渐长。等待是有条件的，这个条件就是诚信和守正。因此，需卦的主旨是：守正以待时。

需：有孚，光亨，贞吉，利涉大川。

【译文】

需卦，象征须待，心中诚信，光明亨通，守持正道可获吉祥。利于涉越大江巨河。

《彖》曰：需，须也，险在前也。刚健而不陷，其义不困穷矣。需，有孚，光亨，贞吉，位乎天位，以正中也。利涉大川，往有功也。

【译文】

《彖辞》说：需卦的意思是须，须就是须待。因为艰难险阻正在前方。乾阳刚健而不会陷入坎险，因为等待时机便不至于路困途穷。须待，心中诚信，光明亨通，守持正固可获吉祥，是说九五爻居于天的位置，而且处于正中。利于涉越大江巨河，说明勇往直前必获成功。

《象》曰：云上于天，需；君子以饮食宴乐。

【译文】

《大象辞》说：云在天上（尚未成雨），象征需待。君子因此在须待中饮用食物，设宴作乐（积蓄力量，等待时机）。

【释辞】

需：有必须、需要、等待等义。

孚：诚信，一说孚为俘，抓获俘虏。

【观象会意】

需是等待，是以乾卦上面遇到坎卦，《乾》健而《坎》险，不敢贸然前进，有等待的含义。王船山说："需之为体，六来居四，自大壮来。以尼乾行，三阳聚升，欲遂不果，虽有积刚至健之才，遇险而不能不有以待之。"王夫之认为需卦自大壮卦变来。大壮卦九四上升到五位，和五交换了位置。六四阴居阴位，所以阻碍了下卦三阳前进的步伐。"尼"音你，是阻止的意思。

"孚"：坎卦体中实，乾体中实，阳刚皆处中正之位，其盛德光辉，无所不照，即无所不通，故曰光亨，故曰有孚。刚健而不陷于坎，所以其道光亨，贞吉，正也。固守其正，而不妄动，所以为吉。坎水在前，乾将涉之，有利涉大川之象。以象言之，坎"维心亨"，故有孚信之象，坎为月，故有亨象。

云升未形成雨，故曰需。坎为水，互离为火，水火烹饪，饮食之象。君子观于需卦，遇到需要等待的事情，在饮食宴乐中等待，不可以犯急躁的错误。人生的所需，如云上于天，需要等待云气化为雨水。天赖降雨以滋生万物。用于社会，下层民众靠政府施恩泽以维持生计，在期待中充满了梦想。

看一看非洲旱季的大草原，河流干涸，草木待雨水以滋润，河马在泥沼中相濡以沫，只有甘霖普降，万物才得以复苏。饮食，是大地的万物所必需，生命的快乐，是在饮食满足之后，草木欣欣向荣，羚羊在欢快地奔跑，幼狮在草地上玩耍，人和万物一样。告子说："食，色，性也。"满足了人性的基本需求，才会产生更高层的需求。

以需卦用于个人，内卦为卜筮者，以刚健之力，谋求上进。外卦为所问之对方，设坎陷加以阻碍，筮者如此时急于求进，必陷于险境，不可妄动，需要等待时机，休养生息，充满信心。时机成熟之时，自可"利涉大川"，成就大事业。以需卦用于企业，下卦为基层员工，一心在企业求得发展，增加收入。上卦为企业管理者，墨守企业之戒律，企业的盈利员工享受不到，基层等待企业改革管理制度，只有满足基层员工需求，恩泽施于下层，方能上下一心，企业才有大发展。

初九：需于郊，利用恒，无咎。

《象》曰：需于郊，不犯难行也。利用恒无咎，未失常也。

【译文】

初九，在郊外等待，要保持恒心，必无过错。

《小象辞》说：在郊外等待，不冒险前进，要保持恒心，必无过错，没有失去常态。

【释辞】

郊：《尔雅》："邑外谓之郊。"一说是郊祭。郊，是旷达之地。初九在下，距险最遥远，以郊喻之。

恒：是常，初九阳刚得正，有守常不妄动之象，所以告诫占者能做到此，就可以有利而无咎。

难：一说是指九五，坎为险难。一说是指九二、九三，同性为敌，为难。

【观象会意】

《尚氏学》认为："乾为郊，初临重阳，阳与阳得敌不能行，故利用恒。

恒，久也，常也。言潜龙勿用，守常不变也。守常不动，故无咎。阳与阳行难，需而不进。故《象》曰"不犯难行"。初九阳刚得正，未近于险，是不冒险以前进的人，所以有需郊之象，但是等待需要坚持始终，即要有恒心，是告诫占卜者有恒心就不会犯大错。

　　九二：需于沙，小有言，终吉。
　　《象》曰：需于沙，衍在中也。虽小有言，以终吉也。

【译文】

　　九二，在沙滩上等待。稍受言语中伤，最终还是吉祥。

　　《小象辞》说：在沙滩上等待，是水在中间流。尽管小有语言伤害，最终的结果吉祥。

【释辞】

　　沙：近水之沙地。二去坎中隔九三，为沙象，互兑为口舌，言象。

　　衍：音眼（yǎn），从水从行，所以是流。《说文》：衍，水朝宗于海也。

【观象会意】

　　坎为水，水近则有沙，沙则近于险，互兑口舌为言，小有言者，有些小的议论。终吉的缘故。二爻变下卦为离。离，光明之象，有明哲保身之意。

　　九二有阳刚之才，而居柔守中，属于不冒险而前进的人，所以有需于沙之象，此告诫占卜的人，这样做虽然会招来非议，结果是吉利的。

　　《小象辞》说"衍在中也"，是说水在中间流，沙在水边，是近于险。但以刚中来需待，所以近险不陷于险，以吉利告终。

　　九三：需于泥，致寇至。
　　《象》曰：需于泥，灾在外也。自我致寇，敬慎不败也。

【译文】

　　九三，在泥沼中等待，把强盗招引过来。

《小象辞》说：在泥沼中等待，灾难从外面而来。自我招惹强寇，恭敬而又谨慎地对待，就不会失败。

【观象会意】

与坎水接触，故称作泥。坎为寇，三近寇，故说致寇至。坎为灾，坎在外卦是灾在外。与需于沙不同，自我致寇，是刚而近险，但三有乾德，又不失正，乾为敬，敬于居心，慎于行事，所以不败。

九三重刚不中，陷于诉讼的泥沼之中，又近坎盗，有致寇之象。戒之，使敬慎也。以象变来看，九三近乎坎水，可以需矣，然变又互艮。艮土，坎水，水土相杂故曰泥。艮有止义，故为需于泥。此爻言临险境而能需，则不犯难矣。

按：三近坎水之象，水土之交为泥，此以爻位取象。

六四：需于血，出自穴。

《象》曰：需于血，顺以听也。

【译文】

六四，在血泊中等待，从陷阱中出来。

《小象辞》说：在血泊中等待，是顺应变化，听命于自然规律。

【观象会意】

坎为血，六四入坎卦，故称"血"。坎又为穴，穴为阴所居。坎为耳，有听之象，六四柔顺得正位，能顺应变化，听者，听从九五。所以虽入险境，却能脱离危险。却有出自穴（脱险）之象。身处险境，置之死地而后生。

按：血，以喻伤之重；穴，喻险之深，是说六四居上卦坎之下，但由于阴爻得正，又能顺从九五阳刚，在危难之中安静等待，所以能从深穴中脱出。

九五：需于酒食，贞吉。

《象》曰：酒食贞吉，以中正也。

【译文】

在酒食中等待，守持正道可获吉祥。

《小象辞》说：须待于酒食之中，固守正道而吉祥，因为九五处于中正的位置。

【观象会意】

汉九家荀爽说："互体离，坎水在火上，酒食之象。"《尚氏学》："坎为酒，坎中实，故坎为实。酒食在上，兑口承之，故曰需于酒食，贞吉者，卜问吉也。"

九五阳刚、中正、君位，是需卦之主，需于酒食并不是九五耽于娱乐以饮酒，而是备酒食以待贤者而养之。因为需卦继屯、蒙之后，是休养生息之时，需于酒食，是"治大国，若烹小鲜"。不多事，无为而治的思想，需卦讲"养"，养的思想在卦里用酒食表达出来。

刘沅曰："坎水，酒象。互兑，食象。互离，水在火上，烹食未就，需于酒食之象。酒食，宴乐之具。九五阳刚中正，居尊而需焉。盖当治具昌明之时，休养生息，涵煦天下，而不求近功；在修身者则道德和平，优游餍饮皆需于酒食之象，惟贞则吉，言以中正，非耽乐也。"

互离，水在火上，烹食未就，需于酒食之象。施耐庵说过："不以酒为乐，以谈为乐。"酒能助兴，人生中饮食宴乐，一个人只能喝闷酒，李白"举杯邀明月，对影成三人"的旷放和洒脱，独乐乐不如众乐乐。

上六：入于穴，有不速之客三人来，敬之，终吉。

《象》曰：不速之客来，敬之终吉。虽不当位，未大失也。

【译文】

上六，落入陷阱，有不召而至的三位客人来到，恭敬相待，终将获得吉祥。

《小象辞》说：不招而至的客人来到，恭敬相待，终将获得吉祥。虽然不在正确的位置，不会有大的失误。

【释辞】

速：召也。

不速之客：不请自来之客。

【观象会意】

《本义》："阴居险极。无复有需，有陷而入穴之象。"《尚氏学》："互兑为穴，上来应三，则入于兑穴矣。而阳必上升，故曰不速之客。速，召也。乾为人，上应在三，故曰三人来。坎为畏惧，故曰敬之，言阴宜顺阳，上居卦终，故曰终吉。"上六阴居阴位，本应当位，《小象辞》说"居不当位，未大失也"，是什么意思呢？尚秉和援引九家注荀爽说："象明曰不速之客来，来而不当位。"说的是九三升上，不当位也，非指上六本不当位，上六居三，虽不当位，承阳有实。所以是"未大失"，认为这是最精确的解释。

【易学通感】

需卦云上于天，待雨之象。此卦用于人事，内卦乾为父，外卦坎为中男，犹如老父倚门待子之归来，儿子又何尝不想归来呢？乾象又为行，坎为大川，势如李白诗云："欲渡黄河冰塞川，将登太行雪满山。"有险在前，必须等待。

又需卦内乾为人，外坎为饮食，互兑为口。《大象辞》："君子以饮食宴乐。"天赖降雨以滋生万物，人靠饮食以养生，是需卦的意蕴所在。所以需卦对于人生的启迪：

（一）是需求。（二）是等待。如何等待？要容忍待时，居易以俟命，等待命运的转机，切忌躁进。（三）是在等待中享受生活的乐趣。人生苦短，何故自苦如此。漫长的人生旅途，在需求之路上充满了期待。但岁月无常，诚如李白所咏叹"君不见高堂明镜悲白发，朝如青丝暮成雪"。白发在期待中脱落，朱颜在等待中变色。岁月在期待中流逝，生命有如白驹过隙，人生不能苦等。《大象辞》说"君子以饮食宴乐"，说的是在期待中享受生活。人生下来不是当苦行僧，我们曾经为虚无缥缈的幻境折腾了大半生。生命的蜡头不高了，你还需待什么？要享受生命带来的快乐，毕竟人生没有下一次。

讼 第六卦

离宫游魂卦

讼 ䷅ 坎下乾上
中爻离巽　　【错】䷣ 明夷　　【综】䷄ 需

【题解】

讼卦上卦为乾，乾为天，下卦为坎，坎为水。天与水违行，讼卦象征争讼。《序卦传》："饮食必有讼，故受之以讼。"但讼卦并非教人如何争讼，而是告诫人应止讼免争。卦中九五君位居中得正，能明决平息天下之讼。其余五爻皆涉讼事，初六不与人争而"终吉"；九二败讼退亡免于灾祸；九三安分不讼亦获"终吉"；九四败讼服从判决，而获"安贞吉"；只有上九有胜讼可能，纵然胜诉，虽暂时得到赏赐的荣耀，最终仍被剥夺。

讼：有孚窒惕，中吉，终凶。利见大人，不利涉大川。

【译文】

讼卦象征争讼，有诚信但被遏制，心中怀有惕惧，遵循中正之道可获吉祥。但坚持争讼到底则有凶险，利于出现大人，不利于渡过大川。

《彖》曰：讼，上刚下险，险而健，讼。讼，有孚窒惕，中吉，刚来而得中也。终凶，讼不可成也。利见大人，尚中正也。不利涉大川，入于渊也。

【译文】

《彖辞》说：讼卦，卦象是阳刚居上，坎险居下，刚险相接，必引起争讼。争讼是诚信受阻，心情惕惧所致。持中不偏可获吉祥，是说九五、九二爻居于上下卦的中位，象征阳刚之人得中正之道。后来凶险，说明诉讼到底不能获胜，利于出现大人，是说九五、九二之爻象崇尚刚明中正之道。希望大人秉公断决以息争讼。不利于涉越巨流大河，是说恃刚乘险，将坠入深渊。

《象》曰：天与水违行，讼；君子以作事谋始。

【译文】

《大象辞》说：天体由东向西运转，水向东流入大海，天与水的运行是相反的，这是争讼的卦象。君子观此卦象，为杜绝争讼之端，在谋事之初必须慎之又慎。

【释辞】

讼：诉讼，争讼，言之于公众等。讼，争也，字从言公，言之于公以辨曲直也。

孚：诚信。

窒：塞止，阻碍。

【观象会意】

李士钤曰："天道尚左，日月西移；地道尚右，水道东流。水本天之所生，而一左一右，其行相违，故讼。"不险则无讼，不健则不能讼。乾以刚健中正，平下之险，听讼之道也。

《尚氏学》："二阳居阴中，有孚之象，一阳陷于二阴之间，窒象。坎为加忧、惕之象。二虽不当位，居中故吉。二无应，往遇敌，故终凶。九五中正以居尊位，大人之象。坤为大川，二入其中不当位，无应援，不能出，故曰不利涉大川。"

来知德云："中爻巽木，下坎水，本可涉大川，但三刚在上，阳实阴虚，遇巽风，舟重遇风，则舟危矣，岂不入渊。故《彖辞》曰：'入于渊'，不利涉之象也。"

刚上指乾，下险指坎，上层恃阳刚以欺凌下民，不能以德化人，下怀赴险之心以环伺上面统治者，不能以诚意使上层相信，是争讼的根源。诉讼的兴起，于内则不畏险阻，于外恃有刚健之势，互不相让，就会争讼不已。九二阳刚得中，是有孚信的人，陷于阴中，公正被遏窒，于是冒险和上层刚健之大人诉讼，是讼卦的导火索。但是以下讼上，是九死而一生的事，只有见好就收才有好果子吃。如果坚持将诉讼进行到底，只能坠入深渊。利见大人，尚中正也，是说九五是听讼之主，故利见之。终凶，讼不可成也，指上九要把诉讼进行到底，则必凶。

天上水下，其行相违。作事谋始，是杜绝争讼与事情的谋始阶段。胡炳文说："凡事有始、有中、有终，《讼》中吉终凶，然能谋于其始，则讼端既绝，中与终不必言矣。"

初六：不永所事。小有言，终吉。
《象》曰：不永所事，讼不可长也。虽小有言，其辨明也。

【译文】

初六，不长久纠缠于争讼事端，有小的口舌是非，最终吉祥。

《小象辞》说：不把诉讼长久地进行下去，有一点争论，终究会吉利。

【释辞】

事：讼事。所事，所欲讼之事。

讼不可长也：讼为凶事，既得辨明，可止即止，若永讼不已，仇怨日深，必至贻累身家。

小有言：初爻动下卦成兑，兑为言。

终吉：阴爻不正，变阳为正，所以终吉。

其辨明也：互离在前，离为明。

【观象会意】

初六阴柔居下，本无力讼，然初与四应，初六变则下体成兑，兑为口，小有言之象。

初爻变则互象成风泽中孚，则讼事息，故曰不永所事。上下兑口相背，故有言。又初六变则为兑。兑，喜悦也。不永所事，是变争讼而为喜悦。

此卦六爻中，只有九五刚健中正，为听讼之主，其余五爻都是诉讼之人。其中九二、九四、上九三阳逞才而志强，欲必胜而坚持诉讼的人，所以其辞为"讼"。

初六、六三，二阴柔弱无才，虽然一旦起讼，却不能坚持始终，所以初六曰"事"，六三曰"旧德"。

又《彖辞》说"终凶"，此爻曰"终吉"。同一终字，可见《易》作者的无讼思想。孔子曰："听讼吾犹人也，必也，使无讼乎。"

《小象辞》说"其辨明也"，初六变者正反兑，兑口多，所以能辨明白。

九二：不克讼，归而逋，其邑人三百户，无眚。

《象》曰：不克讼，归逋，窜也。自下讼上，患至掇也。

【译文】

九二，争讼失败，退归逃窜回家，那里有三百户人家的小邑，躲在那里不会有灾祸。

《小象辞》说：争讼失败，归逋，就是逃窜了。地位卑下的起诉上面尊贵的，祸患临头是自己取来的。

【释辞】

眚：音省（shěng），从目从生。目生翳（白内障），所见不明，引申为过失。

坎为隐伏，故曰逋。上无应，故不克讼。不克讼所以逃亡，逃归何处？三居坤中，坤为邑，为百为户。三百户者，变坤三爻皆阴，三百户之象。《礼记》：小国，下大夫之制。

自下讼上：上指九五，二五同性为敌，所以说自下讼上。

掇：音多（duō），拾取。患至掇也：灾祸临头是自己取来的。

【观象会意】

二爻变，下卦为坤，坤阖户之象。坎为眚。变坤则无眚。九二阳刚为险之主，是要进行诉讼之人。九二与九五本是相应关系，但同为阳刚为敌，所以二要与五争讼，但是九五是君王，居中正之位，以臣讼君，以不正讼中正，不克讼的结果是必然的。所以退归而逃亡，则其邑人三百户没有受到牵连。如果二不逃窜，九五来征讨，势必殃及邑人。

九二所以无眚，因为处中，阳刚而能守中道，讼事适可而止。又九二刚中独讼，二阴皆不参与，故皆无眚。不足于连累他人。

王弼曰："以刚处讼，不能下物。自下讼上，宜其不克，若能以惧归窜其邑，乃可以免灾。"

六三：食旧德，贞厉，终吉。或从王事，无成。
《象》曰：食旧德，从上吉也。

【译文】

六三，安享旧日的俸禄，占卜结果危险，最终吉利。如果为君王做事，不能把成就归于自己。

《小象辞》说：安享旧日的俸禄，顺从上面就会吉祥。

【释辞】

食：受。食旧德，保全君王旧日的恩德。即守常分。

贞：占卜。

【观象会意】

六三阴柔是守常安正能始终不进行诉讼的人，食旧德是安守常分。六三处坎险之上，又介于二刚之间，不是能诉讼的，但知守其常分，享受老本足矣。但柔弱者被欺凌，则不免于危厉，唯有顺从王事。退逊自处，成就不归于自己，这是守旧居贞而能得吉的道理吧。

九四：不克讼，复自命，渝，安贞吉。
《象》曰：复即命，渝，安贞不失也。

【译文】

九四，争讼失败，回心听从天命，改变争讼念头，安顺守正可获吉祥。

《小象辞》说：回心听从天命，改变争讼念头，安顺守正，不会有损失。

【释辞】

即：就。

渝：改变。

复：返初六。

【观象会意】

此爻指的是打不赢官司，立即改变想法不把诉讼进行到底的人。

九四阳刚不中，按其本性是好讼的，因为居柔位，所以不克讼，改变其心，反复于初即"不永所事"，复初以安命。九四变而成巽，巽为命，为顺。即变其争心，不争而顺，化刚为柔，故安静正固而吉。

九五：讼，元吉。

《象》曰：讼，元吉，以中正也。

【译文】

九五，明断讼事，大吉。

《小象辞》说：明断讼事，大吉大利，因为九五体现了中正之道。

【观象会意】

《小象辞》说："以中正也。"说明九五居中得正，无偏无私，以中正的态度论断曲直，中而不过，正而不邪，所以大吉。

《本义》云："中则听不偏，正则断合理。阳刚中正，以居尊位，听讼而得其平者也。占者遇之，讼而有理，必获伸矣。"

九五刚健中正，是裁断讼事之主，讼卦其他爻都是要进行诉讼的人，九五以圣德而居天位，所谓大人而利见者，能以中正之德化民，从而使百姓中没有诉讼的人。即使有所诉讼，也各得其平，使有理被冤枉者，得以伸屈；情真被诬告的人，真情上达，有诚信不至于被遏止，如此断讼，不仅天下无冤屈之民，而且百姓有冤屈可得昭雪，大吉者，大善之吉也。

上九：或锡之鞶带，终朝三褫之。
《象》曰：以讼受服，亦不足敬也。

【译文】
上九，或因讼事获赐有大带的官服，但在一天之间多次剥夺。
《小象辞》说：以诉讼受赐的官服，也不值得敬重。

【释辞】
锡：即赐。
鞶：音盘（pán），《说文》：大带也。
褫：音齿（chǐ），剥去。

【观象会意】
乾为日为朝，上居乾终，故曰终朝，与乾三爻终日同义。上应三，三在离体，离卦数三，所以说三褫。上九以阳刚居讼之极，争强好胜，是要把争讼进行到底的人。如果胜讼，获得赏赐和安抚，然而以讼得之，岂能长久？所以有终朝三褫之象。此戒占卜之人把讼事进行到底不会有好结果，假使胜讼，也是得不偿失。讼卦之意蕴包含深刻。所谓"和大怨，必有余怨"。所以讼不可极。

【易学通感】
王弼说："凡讼之始，契之不明，讼之所以生也。物有其分，职不相滥，争何由兴？讼之所以起，契之过也。故有德司契，而不责于人。"
诉讼不兴起于诉讼的当天，而兴起于做事的初始，如果做事不预谋防范，这是留下争讼的隐患，所以君子在做事开始时就要考虑，比如签订合同，对双方是否公平，是否合法、合乎情理，合同文书用词一定要准确，来不得半点含糊。凡是有不妥之处，可以引起诉讼的，从写合同时就加以杜绝，争讼就不会发生了。这是中国最早的契约论，政治应当是政府和人民签订的契约。

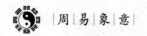

师 第七卦

坎宫归魂卦

师 ䷆ 坎下坤上
中爻震坤　　【错】䷌ 同人　　【综】䷇ 比

【题解】

师卦下卦为坎，坎为水；上卦为坤，坤为地。地上有水，水流所向顺势而行，是军旅之象，故卦名为"师"。《象传》讲兴师原则，师出要有名，要有正义性。初六讲军队纪律的重要性，九二讲主帅成功的条件，六三陈述失利教训，六四讲军事部署，六五谈君主选择将领的标准，上六谈论功行赏的法则。

师，兵众也。师者，军旅之名。师卦坎险坤顺，古代寓兵于农，伏至险于大顺，藏不测于至静之中。又卦九二一阳居下卦之中，为将之象。以刚居下而率众，六五以柔居上而任之，为人君命将帅出师之象，故其卦名为师。师卦列于讼卦之后，《序卦传》认为："讼必有众起，故受之以师。师者，众也。"师卦包含着古代的军事理论和军事思想。用于学校为如何教导子弟和学生。

师：贞，丈人吉，无咎。

【译文】

师卦象征兵众，守持正道，贤明长者统兵可获吉祥。这样就没有灾祸。

《彖》曰：师，众也；贞，正也。能以众正，可以王矣。刚中而应，行险而顺，以此毒天下，而民从之，吉又何咎矣！

【译文】

《彖辞》说：师，是众多的意思。贞，是守正的意思。能使众多士兵归于正道，就可以做君王了。内心刚健中正又有人响应，行进在险难中也能顺利。以卦象所提示的道理督治天下，百姓就会服从。这是吉利，又会有什么灾祸呢？

《象》曰：地中有水，师；君子以容民畜众。

【译文】

《大象辞》说：地中蕴藏着水源，象征兵众。君子从中得到启示，要包容人民，蓄聚群众。

【释辞】

贞：正。指兵众应当以正为本。

丈人：长者之尊称，犹言"贤明长者"。卦辞说：兵众应当坚守正道，以贤明长者为统帅，方能无咎。

王，音忘（wàng），用如动词，统治天下。

毒：通"督"，治理，安定。

【观象会意】

以：《春秋传》"能左右之曰以"，就是用。意思是说能左右兵众，使士兵心悦诚服地听众指挥，进行正义的战争，若做到这一点，就可以王天下了。"刚中而应"，指九二与六五而言，九二阳刚居中，乃师众之统帅，六五阴居君位，象征君王。九二与六五正应，好比师众之统帅得到君王的完全信任，其才能必得到充分的施展。

行险而顺。险指下卦坎险，顺指上卦坤顺。坎险象征军队，兵凶而战危；坤顺象征土地和人民。战争就是争夺土地和人口。师卦卦象包含着古代的军事思想。坤为虚。《孙子兵法·虚实篇》说："兵形象水，水之形避高而趋下，兵之形避实而击虚。"就是对师卦卦象的运用。合而言之，兴师动众，必然荼毒生灵。但是如果是正义的战争，师以顺动，战争是为民解除疾苦，百姓是欢迎

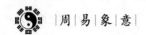

的。所以获吉而无咎。

《大象辞》说："地中有水"，"容民畜众"。是寓兵于农民之中，水不外于地，兵不外于民。所以善待百姓者，可以聚众了。象辞所阐发的意义，即民为兵本。

初六：师出以律，否臧凶。
《象》曰：师出以律，失律凶也。

【译文】

初六，军队出动要有严明纪律约束，不遵守纪律就会有凶险。
《小象辞》说：军队出动要有严明纪律约束，失去纪律就凶险。

【释辞】

臧：音赃（zāng），善。否：音脾（pǐ），不。否臧：即失律。
律：军队纪律。一说音律，军乐，金鼓之声，以示进退。

【观象会意】

坎为法律，上承互震为出，初爻师之方出，始于谨严，故以律约束。
程子曰：律有二义，有出师不以义者，有行师而无号令节制者，皆失律也。

九二：在师中，吉，无咎。王三锡命。
《象》曰：在师中吉，承天宠也。王三锡命，怀万邦也。

【译文】

九二，主帅在军中统率兵众，吉利，没有灾难。君王多次颁命嘉奖。
《小象辞》说：主帅在军中，吉利，是承受了天子的宠爱。君王多次赐命，以怀柔政策驾驭万邦。

【释辞】

锡：通"赐"。

【观象会意】

师卦只有九二一阳，居下卦之中，为众阴所归，是一卦之主。是主帅居中军之象，刚毅而中和。所以能深得兵众的拥护，所以说在师中吉。阳居阴位有咎，在师中，所以无咎。与君位的六五正应，得君王的信任，多次受到君王的赏赐。

《周礼》一命受爵，二命受服，三受车马。"三锡命"是最高的奖赏。

《象辞》说"怀万邦也"，是为了行仁政以安定天下。

尚秉和认为："旧解谓六五为君。锡命于二。于卦义全背。只荀爽谓王指二为得解。"尚氏解释《象辞》时说："五天位，言二必升五。为群阴所承也，故曰承天宠。坤为万邦，言二临万邦，而有所锡予者，正所以怀念万邦。坎为怀也，故夫旧解谓六五锡二者，不惟于经背，于象传亦背矣。"

按：统军将帅的成功或失败，同君王的信任程度关系重大。九二的吉祥，很大因素是得益于"王三锡命"。此爻变则全卦为坤，去坎险而就坤顺，有拨乱反正之象。

地水师变坤为地，有开拓疆土之象，所以为怀万邦。师又有教师之义，九二以一阳统五阴，犹有阳刚中庸之德的老师教导众阴之学子，故曰师。

六三：师或舆尸，凶。

《象》曰：师或舆尸，大无功也。

【译文】

六三，军队有时载运尸体回来，有凶险。

《小象辞》说：军队有时载运尸体回来，败得太惨了。

【释辞】

或：不定之辞，有时，或然。

舆尸：以车载尸，喻兵败。

【观象会意】

六三处下卦之上，阴柔失正，上无阳应，下又乘刚。因为此爻变，则内卦为巽，巽为进退，为不果，有犹疑之象，故说"或"。三军之灾，生于狐疑。疑者，指挥之大忌也。

六四：师左次，无咎。
《象》曰：左次无咎，未失常也。

【译文】

六四，军队扎营于山南水北，没有灾祸。

《小象辞》说：军队扎营于山南水北，没有灾祸。用兵不失常道。

【释辞】

次：《左传》师三宿为次。左次：指扎营于山南水北。

【观象会意】

兵家以高为阳，以下为阴。《孙子·行军》："凡军好高而恶下，贵阳而贱阴。"

王弼："行师之法，欲右背高，故左次之。"

互震为左，故曰左次。四前临重阴，阴与阴得敌，前进困难，扎营以按兵不动，所以无咎。

《小象辞》说"未失常也"，指四当位，量力自处，待时而进，所以不失用兵常道。

《王注》说："得位而无应，无应，不可以行；得位，则以自处，故左次之而无咎也。"

六五：田有禽，利执言，无咎。长子帅师，弟子舆尸，贞凶。
《象》曰：长子帅师，以中行也。弟子舆尸，使不当也。

【译文】

六五，在狩猎中演习操练军队，能捕获猎物，声讨敌方罪行也是有利的。

没有灾害。任用长子统帅军队，又派其他王子参与军事（军令不统一），必得载尸而归。贞卜结果是凶险的。

《小象辞》说：任用长子统帅军队，能居中行事。其他王子参与军事，导致载尸而归，是使用不当。

【释辞】

田：田猎。何楷曰："于师言田者，古人一岁三田，所以习武事也。"

禽：鸟兽的总称。

执言：发表言论声讨敌方罪行。师出有名，震为言。

【观象会意】

李士鉁曰："五以柔居尊，不能帅师临敌，而能正言伐罪，故利执言。"

尚秉和曰："五应二，二震主爻。震长子，居师中为主，故曰长子帅师。二亦坎主爻。坎为震弟为尸，故曰弟子舆尸，舆师故贞凶。贞：卜问也。言五宜与震，不宜与坎，与坎，则使不当也。"

虞翻曰："长子谓二，弟子谓三。"长子指九二，后人无异议。以六三为弟子，后世学者有不同说法：一、《程传》：初、三、四爻为弟子。二、《本义》：弟子，三、四也。三、《尚氏学》：长子、弟子均指九二。

按：军旅之事，用人不疑，疑人不用，用人正确是胜负的关键。军令不统一，必导致战事的失败。

上六：大君有命，开国承家，小人勿用。

《象》曰：大君有命，以正功也。小人勿用，必乱邦也。

【译文】

上六，君王发布命令，分封诸侯，赏赐大夫，不要任用小人。

《小象辞》说：君王发布命令，是论功行赏。如果任用小人，必将危乱邦国。

【释辞】

大君：指六五之君。

有命：论功行赏。

开国：分封诸侯。

承家：封卿大夫。

【观象会意】

上六变则外卦为艮，为门阙，有家之象。坤为土，为国为家，上卦亦为国，下卦亦为家。上六居卦之极，上独不言师，是战后解甲归田，师之象不存，武功之终，封赏之时也。九二主帅，首功，以开国封之。六四左次，亦有功也，以承家赏之。六三舆尸败北，是小人也。诫以勿用，上六在大君左右，是在内幕僚参与军机大事，功亦大焉。

【易学通感】

水畜于地中，是师之象。师卦，一阳五阴之象。一将受命，所帅者皆阴，阴为民、为众、为兵。老子的《道德经》说："夫佳兵者，不祥之器，物或恶之，故有道者不处。"战争是一将功成万骨枯。而士兵们血洒疆场，"可怜无定河边骨，犹是深闺梦里人"。"师之所处，荆棘生焉。大军之后，必有凶年。"兵家自古是凶器，圣人不得已而用之。夫子观地中有水，而说"容民畜众"。寓兵于民众之中，少养军队，减轻人民负担，应当是和平时期的国策。国家危难之时，人人都是兵。

比　第八卦

坤宫归魂卦

比 ䷇ 坤下坎上
中爻坤艮　　【错】䷍ 大有　　【综】䷆ 师

【题解】

"比"字是两人相辅相亲。此卦上卦为坎水，下卦为坤地。水得地而聚，地得水而润，故相亲辅。比卦一阳居九五之位，为一卦之主，五阴追随它，有如众庶拥戴领袖，争相比辅，天下归心。

比卦列于师卦之后，是战事结束归于亲比统一，所以《序卦传》曰："师者，众也。众必有所比，故受之以比。"比者，亲也。只有人际关系互相亲比，天下才能安宁。所以比卦有亲近、归附、辅助等含义。比卦和师卦互为综卦，比卦是战争之后，重新确立的人际关系。比卦是坎水在坤地之上，水得地而流行，地得水以滋润，故相亲附，相合、亲和就会带来快乐，故《杂卦传》说"比乐师忧"。

比卦卦义如朱熹所说："九五以阳刚居上卦之中而得其正，上下五阴比而从之，以一人而抚万邦，以四海而仰一人之象。"

比：吉。原筮，元永贞，无咎。不宁方来，后夫凶。

【译文】

比卦，吉祥。推究占断的卦象，开始就有善良的美德，又能保持恒久贞正，不会有咎害。不安分的远方部落来归顺了，后到的人迫于形势归顺，有凶险。

《彖》曰：比，吉也。比，辅也，下顺从也。原筮，元永贞，无咎，以刚中也。不宁方来，上下应也。后夫凶，其道穷也。

【译文】

《彖辞》说：比卦，吉祥。比，亲辅的意思。在下者顺从于上。推究占断的卦象，开始就有善良的美德，又能保持恒久贞正，不会有咎害。九五卦主是有德君主刚健居中。不愿顺从的方国诸侯来朝，是说上者与下者相互应和。后来朝拜者有凶险，是说迟缓者必陷于被动。

《象》曰：地上有水，比；先王以建万国，亲诸侯。

【译文】

《大象辞》说：地上聚满水，象征亲密比辅。古代圣王观此卦象，因此分封众多方国，亲近诸侯。

【释辞】

原：①推究；原筮：推究其占筮结果。②原：再也。③原：田也。坤为田，在原野上占筮。坎为筮，坤为国。

不宁：不安顺，上坎为劳卦，是不宁。下坤为方。

后夫：后来归顺的人。

【观象会意】

原，有再的意思，原筮，不是再一次占筮，而是再三推断卦象。张丙哲说："《蒙》《比》两卦，特发两筮字，以示占者之通例。蒙之筮，问之人者也，不一则不专；比之筮，问其在我者也，不再则不审。"水性是流动的，所以不宁。后夫，是后来的人，指上六居后。

来知德说："不宁者，不遑也。四方归附方新，来者不遑也。犹言四方归附之不暇也，坤为方，故曰方。后夫凶者，如万国朝禹而防风后至，天下归汉而田横不来也。下画为前，上画为后，凡卦画阳在前者为夫，如睽卦遇元夫是也。此夫指九五也，阳刚当五，五乃天德，元之象也。四阴在下，相率而来，不宁方来之象也，一阴高亢于上，负固不服，后夫之象也。"

《象辞》说的比辅，是指阳居尊位，群下顺从以亲辅之。辅是以下辅佐上。

但是物相亲比无间的，莫如水在地上，先王感悟此象，于是封建诸侯之国，亲诸侯如一家，视万民犹如一身，而天下就会比于一了。下坤为国，初至四爻大坤也是国，所以是万国，互艮为门，倒震为诸侯，故有建国封侯之象。

初六：有孚比之，无咎。有孚盈缶，终来有它，吉。
《象》曰：比之初六，有它吉也。

【译文】

初六，心中诚信，去亲比于君王，没有灾祸。君王心中满怀诚信如盈满的水罐，终于使远者来归，得到他人的帮助，吉祥。

《小象辞》说：初六与九五亲比，得到他人的帮助就吉祥。

【释辞】

有孚：有诚信，去亲比它，没有害处。诚信的心有如盈满的水罐。

缶：陶罐。

它：他人，指六四。初与四相应。

【观象会意】

《尚氏学》："上坎为水，下坤为缶，三至五互艮为手，把水注入缶中，坎为信，坎水下注，始于四，以次及初，至初而缶盈矣，故曰有孚盈缶。"

又初六变成为屯卦，屯者，盈也，水流盈缶之象也。若比拟于人事，从修身开始，一念诚而念念皆诚，自一事务实而事事皆实，这就是有孚盈孚。

初六是比之开始，比之道以诚信为本，所以无咎，若从起始积累诚信之心，自始至终都以初六的诚信充实于中庸之道，好似水罐盈满而下注，这是诚信之心向下流淌，不但无咎，更有意外的吉祥。总之，亲比的心贵在真诚。

六二：比之自内，贞吉。

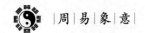

《象》曰：比之自内，不自失也。

【译文】

六二，从内部亲比于君王，守正吉祥。

《小象辞》说：从内部亲比于君王，不会丧失自我。

【观象会意】

二在内卦，故曰内。六二柔顺中正，与九五为正应，这种亲比是发自内心的，六二阴爻居阴位，所以贞吉。又六二变而成坎卦，上坎比下坎，故说"比之自内"，六二中正，所以不自失。

六三：比之匪人。

《象》曰：比之匪人，不亦伤乎？

【译文】

六三，亲比了不该亲比的人。

《小象辞》说：亲比了不该亲比的人，岂不要受到伤害？

【观象会意】

此爻阴柔，居坤之终，不中不正，所承所乘所应皆为阴爻，所以说比之匪人。有远君子亲比小人之象，所交非其善类。初与四为比，比得其人；二与五相应，亦比得其人，所以皆吉，都是正人。六三应上，上处卦之终，是为"后夫"，即"匪人"也。上比无首，有伤之象。此爻变则为蹇，蹇九三辞曰："往蹇来反"，可知比之匪人之凶也。六三比之匪人，是说它接近不到阳刚。《象辞》说："不亦伤乎？"伤，哀伤也，有痛怜六三之意。

六四：外比之，贞吉。

《象》曰：外比于贤，以从上也。

【译文】

六四，在外亲比于君王，守正吉祥。

《小象辞》说：在外亲比于贤德的人，是以下顺从上。

【观象会意】

九五外卦，故曰外，指六四上从九五。比卦独九五一阳得中正之道，是贤者。四本应于初，不内顾于初，而外比于五，谓之外比。本爻动，变为萃卦，"萃者，聚也"。萃卦是人心的聚集。财聚则人散，财散则人聚。在家靠父母，在外靠朋友。六四结交贤于自己的人，所以是从上贞吉。占得此一爻，告诫占者要同比自己强的贤者交朋友，不要和不如自己的人交朋友。

孔子曰："毋友不如己者。""友直，友谅，友多闻。"这是孔夫子择友的标准。

九五：显比。王用三驱，失前禽，邑人不诫，吉。

《象》曰：显比之吉，位正中也。舍逆取顺，失前禽也。邑人不诫，上使中也。

【译文】

明显光大的比附，君王田猎时从三面驱赶禽兽，网开一面，放掉背我而逃的禽兽，百姓见君王狩猎也不惊恐，吉祥。

《小象辞》说：显比的吉祥，是位置中正。放掉背我而逃的，留下顺从我的，前面的禽兽放它逃走。乡邑的人不用告诫也不惊恐，是在上位的九五能行中孚之道。

【释辞】

显：光明显明，上下相比，至公无私，故曰显比。

三驱：古代天子畋猎，网开一面：从左、右、后（追猎者所在）三面设围，前面留一条路，狩猎人从三面驱赶禽兽，故称三驱。禽兽不跑者入网，要奔逃的让它逃命，不赶尽杀绝，体现好生之德。

失前禽：即前路逃命的禽兽任其逃走。

邑人：小邑之民。诫：警告。邑人不诫：小邑之人，不待警诫而来归顺、亲近。

【观象会意】

《象辞》说：光明正大的比道吉祥，因为九五居中得正。放掉背我而去的，收取顺我而来的，就是失前禽的意思。从卦象看，逆指上六，顺指初、二、三、四爻。上六虽以柔乘刚，逆而难比，但仍宽纵它，即失前禽，显示天子的仁德，小国乡邑之人不待告诫而悦服，是因为九五能行中正之道，使邑民感化，自动来亲比，而非强迫。

九五是比卦的主爻，坎为月，为明，显明。一阳居尊，刚健中正，群阴皆来亲比，显其比而无私，如天子三驱不合围，网开一面，来者不拒，去者不追。九五为王，自四至二，历三爻，坤为舆为众，坎为轮，围猎之象，王用三驱。艮为黔喙，坎为豕，震为决躁。三面驱之，阙其一面，逆而向我则舍之，背而顺我则射之。

王弼曰："趣己，则舍之；背己而走，则射之。"王弼认为围猎时放掉奔我而来的禽兽，射杀背我而逃的禽兽。按：王弼说是也。

上六：比之无首，凶。
《象》曰：比之无首，无所终也。

【译文】

上六，亲密比附没有首领，凶祸。
《小象辞》说：亲密比附没有首领，是无始也无终。

【观象会意】

乾为首，九五乾刚之君是首领，九五已与下四阴爻形成亲密的比附关系，上六以阴爻凌乘于九五之君上，行垂帘听政之实，是比之无首，是比道穷矣。《象辞》所说"无所终也"，也就是卦辞所说的后夫凶。朱熹说："阳便是夫，阴便是妇，后夫凶，言九五既为群阴所归，若后来再出添一个阳来，则必凶。"

《尚氏学》说："上六乘阳，首为所蔽，故曰无首。"

【易学通感】

比卦用于人生的感悟：一、交友之道，确实很重要；二、和谁亲比，一定是发自内心的，而不是互相利用；三、有什么样的朋友，就有什么样的命运；四、做大事业者，要广交朋友，人脉是重要支持系统。

比卦用于政治的启迪：一、团体内部关系要搞好；二、组织下面有组织，形成网络系统；三、仁者爱人，周公吐哺，天下归心；四、江山代有才人出，各领风骚没几年。在极权制度下，贪恋权力的人，退下来后，仍然操纵政坛，这是政治腐败的根源之一。《易》曰："不宁方来，后夫凶。"

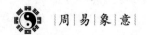

小畜 第九卦

巽宫一世卦

小畜 ䷈ 乾下巽上 中爻兑离　　【错】䷏ 豫　　【综】䷉ 履

【题解】

《序卦传》："比必有畜，故受之以小畜。""畜"字有畜聚、畜养、畜止之义。小畜卦象征小有积蓄。此卦以六四一阴爻居于五阳之间，阳大阴小，以阴蓄阳，故称为小。小者畜大，所畜甚微之象，所以叫"小畜"。又小畜卦以巽卦之顺畜止乾健，是用阴、柔、顺即"小"的手段，而不是用阳。采用的是亲顺之道，则所畜的过程必然缓慢，需要积蓄力量，不可急于求成。可见小畜卦与需卦有近似之处，需是须待，小畜也有蓄积、等待之义。小畜卦阳盛阴不足，以一阴养五阳，力量不足，不得不暂时停顿，终久必亨通。

　　小畜：亨。密云不雨，自我西郊。

【译文】

小有蓄聚，亨通。浓云密布却不降雨，从我西郊而来。

　　《彖》曰：小畜，柔得位，而上下应之，曰小畜。健而巽，刚中而志行，乃亨。密云不雨，尚往也。自我西郊，施未行也。

【译文】

《彖辞》说：小有蓄聚，是阴爻得其位而上下阳爻都来应合，所以是小有蓄聚。刚健又谦逊，阳刚居中而志向可以推行，因此获得亨通。浓云密布却不降雨，说明云气正上升聚积。从我西郊而来，说明浓云已布满了天空，但雨水却没有降下来。

《象》曰：风行天上，小畜；君子以懿文德。

【译文】

《大象辞》说：和风吹拂天上，是小畜的象征，君子要领悟天象，修养文章道德等待时机。

【释辞】

懿：音易（yì），德行美好，用如动词，修美。

懿文德：是一心安静专注修阴柔之美，为女性之美，即文德。武为阳，文为阴，懿专指女性阴柔之美，古代皇太后、皇后的旨意称为懿旨，来源于此。懿，美也。乾为德。互离为明，离光明普照天下，巽风散布四方，所以是懿文德。

【观象会意】

三、四、五爻互离，错为坎，坎为云，巽为风。下卦乾，乾为郊，同需卦云上于天之象。云从西而向东方来，被风吹散。又东方为木，是水生木，泄其气，故无雨。卦辞说"亨"，是所畜未足，甘霖未降，有密云不雨，自我西郊之象，所以占卜的人亨通。黄宗羲曰："大畜、小畜皆畜乾也，遇艮而止，其畜宜也。"

朱熹认为："我者，文王自我也。文王演易于羑里，视岐周为西方，正小畜之时也。"

小畜卦与下卦履互为综卦，孔子《杂卦传》说："小畜，寡也，履不处也。"履卦三爻阴居阳位不得其位，往而为小畜之四，则得位矣。所以《象辞》说"柔得位，而上下应之"。本卦五阳爻都为四爻所畜止，以小畜大，所以是小畜。内健而外顺。此外，五阳刚居中位，则阳刚有可为之势，可以伸其有为之志，阳性上行，故曰志行。所亨通的原因，阳为阴所畜止，本不应当亨，但是刚健而又巽顺，刚又居中而志得行，所以阳刚还是亨通的。

当蓄积未极的时候，阳气还在上升。而阴气不能止阳，阴泽不能施布成雨，所以是施未行也。

> 初九：复自道，何其咎，吉。
> 《象》曰：复自道，其义吉也。

【译文】

初九，返回正道，有什么过错，吉祥。

《小象辞》说：返回正道，初九的卦义是吉利的。

【观象会意】

复是返回，初九为阳刚的本位，阳居阳位，所以是复自道。初九前临重阳，前行困难，容易有过失，但初九与六四阴阳相应，象征被六四所畜止，不急于进取，安守本分，有什么过错，当然吉祥。

一说，何为负荷之"荷"。王夫之说："何，负何之何。乾健受畜，施不能行，非乾志也。初与四应，而受其畜，咎将归之。然位在潜藏，则来复以养其微阳，固其道也。义正则咎有所不辞，君子秉义不回，以受天下之疑谤，其究也，吉必归之。"

初九以阳居小畜之始，阳气微弱，上应六四，有被阴所畜之象。

> 九二：牵复，吉。
> 《象》曰：牵复在中，亦不自失也。

【译文】

九二，被牵着返回正道，吉祥。

《小象辞》说：被牵着返回阳刚之道，居守中位，虽占位不正也不失阳刚之德。

【观象会意】

九二互兑伏艮，艮为手，故曰牵复。下三阳同体，志向相同，九二渐近于阴，但因为刚中，所以能与初九牵手而复，是吉祥的。

九二阳刚在中，也是主张前进的，但在互兑卦的初爻，倒巽为绳，以绳牵，不进而退，如果和相同志向的初九牵手而归复中道，就不会被阴所畜止，所以《象传》说：也不会损失什么。

九三：舆说辐，夫妻反目。

《象》曰：夫妻反目，不能正室也。

【译文】

九三，大车脱落辐条，夫妻反目不和。

《小象辞》说：夫妻反目，是不能齐家正室的结果。

【释辞】

舆：车子。

说：同"脱"。

辐：车轮中直木，即辐条。《老子》："三十辐共一毂。"

【观象会意】

黄宗羲曰："下三爻取畜牧为义。初为始生之犊，往来自恣，故曰'复自道'。二则已受羁靮，故曰'牵'。三则已在辕下，故曰'舆'。"

马振彪说："三近外卦，体异而互离，巽及离火为家庭。齐家难于治国。脱辐者，用不济也；反目者，情不通也。"

九三居下卦之终，刚亢而躁动，与六四之阴有夫妻之象，但夫为妻所畜，阳刚之男不是吃软饭的，有阴阳不和谐之象。又下卦乾为夫，上卦巽为妇，巽又为"多白眼"，卦二至上为正反巽，白眼与白眼相对，又在互离之中，离为目，所以是夫妻反目之象。

《象传》认为九三与六四位置犹如妇上夫下，有悖于男尊女卑的家庭秩序，所以是不能正其家室。

六四：有孚。血去惕出，无咎。

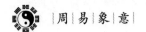

《象》曰：有孚惕出，上合志也。

【译文】

有诚信，离开血光之灾，从忧惧中出来，没有过错。

《小象辞》说：有诚信，从忧惧中出来，是上面与自己的心志相合。

【释辞】

血：一说作"恤"，忧愁。

惕：警惕。

【观象会意】

小畜卦的一阴畜五阳，阳实阴虚，中虚为诚信之本，所以有孚信。六四为离之中爻，错卦坎为血为加忧，血惕之象。兑为毁伤，有血之象。又上卦为巽，六四以虚中而巽顺。九五也安然受其畜，所以无咎。上指的是九五，四以虚中畜君，合乎九五有孚之志，所以九五顺从。

一说：《释文》引马融说："血，当作恤，忧也。"说明九五既下施孚信，六四柔正相承，"畜阳"有道，因此脱离忧惧，无所危害。

朱震《汉上易传》曰："五君位体巽，四近而相得，以正相比，臣畜君者也。四不系于初，诚信孚于上，有孚也。三阳务进，而上四以一阴乘之，若畜之以力，阴阳相伤，可不惕惧乎？唯诚信孚于上，而与上之志合，则物莫之伤，而惕惧远矣。"

九五：有孚挛如，富以其邻。

《象》曰：有孚挛如，不独富也。

【译文】

九五，心怀诚信，与六四相互系恋，与邻居共同富裕。

《小象辞》说：心怀诚信，与六四相互系恋，不是自己一人富有啊。

【释辞】

挛如：挛音栾（luán）。挛如，连在一起的样子。

【观象会意】

有孚指的是孚于六四，四为卦主，阳以阴为孚信，所以下卦三阳也都孚于四，好比连在一起的样子。九五为天子位，巽为利，五乘之，所以是富。又上卦伏震，震为邻，富以其邻，说的是九五所以富，是因为它邻于六四。

汉九家注认为：五以四作财，与下三阳共同享有。所以《小象辞》说（九五）不独富也，是说到了点子上。

　　上九：既雨既处，尚德载。妇贞厉，月几望。君子征凶。

　　《象》曰：既雨既处，德积载也。君子征凶，有所疑也。

【译文】

上九，已经下了雨，雨停了，在上的阳德受下面拥戴，妇人要守正以防凶险。月亮已经圆了，君子征进有危险。

《小象辞》说：已经下了雨，雨停了，承载了积累的德行。君子征进危险，是他有所疑惑。

【观象会意】

黄宗羲曰："上三爻取畜积为义。四言'惕出'，五言'富邻'，上言'既处'，其指一也。"

沈该说："爻变为坎，既雨之象。"

云往上走，到上九是极处。兑为雨，兑覆向下，是雨已经下了，所以是既雨。处，是停止，巽为处，既处是雨已经停了。尚德载，是说雨泽下施，大地载其德泽。巽为妇，高处在上，不是妇德所应有的位置，所以妇人占得此爻要守正以防凶险。

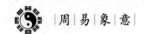

【易学通感】

大畜、小畜，其意都是君子积蓄道德学问。大畜有囊括宇宙、包罗万古之心胸。所以《大象辞》说：多识前言往行，以畜其德。小畜以柔畜刚，具备一言必谨、细行必矜之学力，故《大象辞》说：懿文德。小畜，阳为阴所畜，乾为巽所畜，以柔畜刚，没有比畜文德更大的。

小畜卦用于政治，一阴统帅五阳，作为领袖人物，必须心怀柔道以畜众，即圣人感人心而天下和平。以阴虚阳，必须有厚德载物的博大胸襟，包容一切，包容就是人心的蓄积，一人之心可以感动亿万人之心，便是以小畜大的哲理。

履 第十卦

艮宫五世卦

履 ䷉ 兑下乾上
中爻离巽　　【错】䷲ 谦　　【综】䷈ 小畜

【题解】

《序卦传》说："物畜然后有礼，故受之以履。"履卦排在畜卦后面，孔子认为人类社会有了生活资料的积蓄，然后才能谈到礼义规范。履的本义是鞋，穿鞋是为了走路的，所以又引申为履行、践行。古人认为人的行动要受到社会规范的约束，不然就会任意胡来，所以履应该有如何行动的意思。而礼仪规范是对不同等级的人该如何行动的规定。正如管子所说："仓廪实而知礼节，衣食足而知荣辱。"

履卦上乾下兑，天在上，泽在下。以天喻君，以泽喻民，以柔随刚，尊卑有序，这是封建社会礼节的体现。故《说文》说："礼，履也。"《杂卦传》说："履，不处也。"履又是行进而不停留。归纳起来，履卦含义是谨慎小心，循礼而行。从卦象分析履卦，又有劝说君王的含义。

履：履虎尾，不咥人。亨。

【译文】

履卦，踩着老虎尾巴小心行走，老虎没咬人，亨通。

《彖》曰：履，柔履刚也。说而应乎乾，是以履虎尾，不咥人。亨。刚中正，履帝位而不疚，光明也。

【译文】

《彖辞》说：小心行走，譬如柔弱者小心行走在阳刚者之后，以和悦而顺应于强健，所以说踩在老虎尾巴上，老虎不咬人。亨通。九五爻居于上卦中位，像其人有刚健中正之德。践行天子之位而心安理得，因为行为光明正大。

《象》曰：上天下泽，履。君子以辨上下，定民志。

【译文】

《大象辞》说：上卦象天，下卦象泽，这是履卦的象征。君子依此卦象，用来辨别区分地位的尊卑，以安民心，稳定社会秩序。

【释辞】

履：音吕（lǚ），用如动词，踩，践履。

咥：音迭（dié），咬。

【观象会意】

履有小心行走之义。乾阳刚有虎之象，兑阴柔跟随后面，象征履虎尾。老虎虽然凶猛，兑以和悦之心应和，则免于灾难，所以亨通。人世间充满了危机，如果能小心谨慎应对，虽然面对如猛兽之凶残，也可以不被伤害而得亨通。"柔履刚也"，是以三之柔履二之刚也，这是从爻的上履下而说的，也是解释卦名的。

"说而应乎乾"是就自下应上而说的，是解释"亨"的。帝指的是九五，刚健有中正之德，所以不内疚，心中光明，互离有光明之象。《尚氏学》："五下履巽，巽为病宜有疚，疚即病也。然而不疚者，以王履帝位而中正也。"

《大象辞》从卦象谈卦义。天在上，泽在下，尊卑有序，是人在社会上践履的位置和伦理秩序。君子依据此象以制定礼义，辨别上下之分，上下分明，然后人民志向可定。程颐说："夫上下之分明，然后民志有定；民志定，然后可以言治……古之时，公卿大夫而下，位各称其德，终身居之，得其分也。……农工商贾勤其事，而所享有限。故皆有定志，而天下之心可一。后世自庶士以至公卿，日志于尊荣。农工商贾，日志于富侈。亿兆之心，交骛于利。天下纷然，如之何其可一也？欲其不乱难矣。"

初九：素履，往无咎。
《象》曰：素履之往，独行愿也。

【译文】

初九，以素朴自然之心起步，前往没有过错。

《小象辞》说：以素朴自然之心前往，是按自己的愿望去行动。

【释辞】

素：素朴。

【观象会意】

兑为秋，西方之卦，于色为白，白为素。白是无色，没有私欲污浊之染。初九阳刚在下，本无阴私，当履之初，又无外界诱惑，以素朴自然之心而行，所以有素履之象。《中庸》曰："君子素其位而行，不愿乎其外。"以此而往，何咎之有？

初九处履卦之下而居正，是安于为下位，不依赖上面援引的人。九四动变求之，就可以前往了。以正前往，不失其素履的本色。《礼记》曰："甘受和，白受采。"礼之素，礼之本也。四爻动，上卦成巽。巽为白，也是素，所以往无咎。

李士鉁说："素，无饰也。履道之始，无位之地，外不求应，内不失正，素位而行，无假缘饰。"

九二：履道坦坦，幽人贞吉。
《象》曰：幽人贞吉，中不自乱也。

【译文】

九二，行履的道路平坦，贞问被囚禁的人，吉祥。

《小象辞》说：被囚禁的人吉祥，因为他持守中正之道，内心不乱。

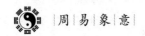

【释辞】

坦坦：地面平坦。

幽人：身处幽静之地的隐居者；一说：被囚禁的人。

【观象会意】

二爻动，下卦为震，震为足，履之象。震又为大涂，是履道坦坦之象。幽是相对光明而言，二上互离，光明在上，则下爻为幽暗。九二阳爻处阴位，二和四相同，二"坦坦"，而四"愬愬"的缘故是九二得中，而九四不得中。初九与九二两爻都是没有物欲追求的人，所以其行为素朴而坦然。王船山说："初之与二，无求者也。无求而情必以实，在心为'素'，在道为'坦'。故无求于物者，物亦不得而惊之。"

六三：眇能视，跛能履。履虎尾，咥人，凶。武人为于大君。

《象》曰：眇能视，不足以有明也。跛能履，不足以与行也。咥人之凶，位不当也。武人为于大君，志刚也。

【译文】

六三，视力不好却能看，跛足却能前行，踩踏了老虎尾巴，被老虎咬伤了，凶险。武人忠于大君。

《小象辞》说：视力不好却能看，不足以有明见，跛足却能前行，不足以和他并行。被老虎咬伤的凶险，是居位不当，武人忠于大君，是才弱而志刚。

【释辞】

眇：音秒（miǎo），《说文》：一目小也，指视力不好。

【观象会意】

兑为小。离为目，所以说眇能视。兑为毁折，有眇跛之象。震为履，二三爻为半震，跛之象，所以说跛能履。

《象辞》说不咥人，三爻说咥人的缘故，是以上下卦来说的。全卦来看，乾虎在外，兑在后，所以不咥。而从爻位角度看，四爻属虎尾，上九是虎首。三爻应上，上必来三，虎首回噬，所以三独受咥而凶险。伏震为武人。乾为大君。三承乾，故曰武人为于大君，言武人忠于大君。六三不中不正，柔而志刚，以此履乾，必见伤害。

九四：履虎尾，愬愬，终吉。
《象》曰：愬愬终吉，志行也。

【译文】

九四，又一次踩着了老虎的尾巴，惊恐不已，但是最终吉利。
《小象辞》说：惊恐不已，最终吉利，是志愿得到实行。

【释辞】

愬愬：音色色（sè sè），惊恐的样子。《子夏传》：愬愬，恐惧也。

【观象会意】

九四位于乾之下，正是虎尾之处。乾为惕，所以恐惧。然而九四下孚于三，三为阴爻，阳得阴其志得行，故终吉。《正义》曰："'终吉'以阳居阴，意能谦退，终得其吉也。"

三、四、五爻互巽，巽为志。九四孚于六三，阳孚于阴，故其志得行。九四居近君辅助之位，以柔顺之心服侍刚决的君主，其志得以实行，虽位危而结果却不危险。

九五：夬履，贞厉。
《象》曰：夬履贞厉，位正当也。

【译文】

九五，逞其阳刚之性独断专行，虽然居正位仍有危厉。
《小象辞》说：以刚强之性决断，虽正而有危厉，就因为它地位居尊，可

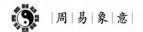

以不顾一切。

【释辞】

夬：音怪（guài），决断。

厉：危险。

【观象会意】

九五虽中正居君主之位，但是承乘都是阳爻，又无应援，所以上下应予都没有，所以决断必刚愎自用。贞作卜问解，所以贞卜危险。厉是危厉。五居互巽之上，巽为陨落，所以危厉。《小象辞》说"位正当也"。《焦氏易林·履之睽》说，"安宁如故"。这种安宁不会太长久。

黄宗羲观履卦以天文取象。《易学象数论·卷三》说："西方七宿为白虎，乾、兑当之。初当昴，昴为白衣，故'素履'。二当毕，昴毕间为天街，故'履道坦坦'。三当觜参，觜为虎首，故'咥人'。四当奎，奎为虎尾，故云'履虎尾'。五当娄，在虎尾之上，卦中言'履'者，指此一爻，故云'夬履'。上当胃，胃为天仓，明则天下和平，故云'考祥'。"黄将二十八宿西方七宿对应履卦六爻，颇为精当，可备一说。

上九：视履考祥，其旋元吉。
《象》曰：元吉在上，大有庆也。

【译文】

上九，审视走过来的过程，考察其吉凶祸福，复返于上位，大吉大利。

《小象辞》说：大吉大利在上位，大有福庆。

【观象会意】

视履讲的是上九回头看六三，考祥，是详细考察。上九处于履卦之终，所以可视以往的行事，而审查其善恶的征兆。履卦只有上九与六三相应，如互换其位，阴阳各居其位，位置都正当了，所以是其旋元吉。人生晚年的祸福，来自他生平所走过的路，回头看看，反身以求己，迁善改过，化灾为祥，是朝闻道，夕死可矣。

【易学通感】

九五大人以心中刚强而居尊位，拥有可以决断的资本，又占有可以独断的优势。下面是巽顺的臣民，都是一片柔顺奉承的面孔，所以有夬履之象。夬履之所以贞而厉者，其原因是乾阳独断，一个人说了算。九五动变，履卦变为睽卦，睽者，孤独反目也。有所恃者，必有所害。孤家寡人，即使行得正，也是取危之道，所以占卜结果是危厉。爻辞的警诫意义是很深刻的。

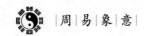

泰　第十一卦

坤宫三世卦

泰 ䷊ 乾下坤上
中爻兑震　　【错】䷋ 否　　【综】䷋ 否

【题解】

《周易》上经始于乾坤，终于坎离，而以否泰为枢纽。揭明否泰剥复，皆天地自然之法象，循环之原理，君子所宜居而安也。否泰序于第十卦之后，是数至十则盈，盈则变也。泰卦讲事物的通泰。此卦天在下，地居上，卦象是阴阳相交，上下相通，以天地交泰之象，推演人心交泰的道理。人心通畅则天下太平。泰卦是十二侯卦之一，为正月卦。泰卦用于宇宙自然，则天地交而万物生长；泰卦用于社会，则上下交而政府与人民同心；泰卦用于家庭伦理，则夫妻和谐，家室安乐；泰卦用于人身修养，则内健而外顺，身心康泰。

泰：小往大来，吉，亨。

【译文】

泰卦象征通泰，阴气往外，阳气来内，吉祥，亨通。

《彖》曰：泰，小往大来，吉，亨，则是天地交而万物通也，上下交而其志同也。内阳而外阴，内健而外顺，内君子而外小人。君子道长，小人道消也。

【译文】

《彖辞》说：泰，阴气往外，阳气来内，吉祥，亨通。从自然界说，是天地阴阳二气相交，万物的生养蕃息畅通；从人事上说，是上下之情相交流，实现志同意合的政治局面，保持社会的稳定。内卦为阳，外卦为阴。象征人内秉刚健之德，外行柔顺之态。喻有德君子执政于朝，无德小人屏退于外。君子正气伸张，小人邪气消退。

《象》曰：天地交，泰；后以财成天地之道，辅相天地之宜，以左右民。

【译文】

《大象辞》说：天地交感，万物通泰。君王效法这一自然法则，裁度天地运行的规律，辅助天地万物各得其宜，从而指导天下万民。

【释辞】

泰：马融训"大"，郑玄训"通"，王弼释为"大通"。卦义是通泰，平安，太平，安泰。

财："财"和"裁"古通用。

【观象会意】

泰，是通。天地阴阳二气，往来相交，所以通泰。阴为小，大为阳。卦象是坤往居外，乾来居内。占卜的人有阳刚之德，吉利而亨通。

从天地来看，乾坤交而成震，春雷震动，万物通畅，这是天地之泰；从上下卦来看，上下相交而二、五两爻不失中位，其志趣相同，这是君臣之泰；从阴阳二气来看，阳气在内，阴气在外，人体就通泰；从修德来看，内心刚健而外柔顺就能与人交通；从国家来看，君子在政府内掌权，把小人排斥在外，社会就通泰。泰，用于政治，是政令通畅，社会得到治理。所以君子之道日益增长，小人之道日渐消退。

泰，是天地二气相交。后，是君王。朱震说："财成辅相者，以人道交天道也。"兑金为裁，坤成物。因天地之道而财成之也。震居左、兑居右，是辅相。坤为民，财成辅相，以左右民者，立人道也。君王效法天地交泰的自然法则，经过裁度以促成按四时变化，使万物生长正常运行。以辅助天地万物各得其宜。用行政手段，支配万民从事生产、安排生活、发展经济。《周易本义》说，"财成以制其过，辅相以补其不及"。

初九：拔茅茹，以其汇，征吉。
《象》曰：拔茅征吉，志在外也。

【译文】
初九，拔掉茅草，其根相连，必牵引同类，前进吉祥。
《小象辞》说：拔掉茅草，前进吉祥。众人都志在上进。

【释辞】
茅：草。
茹：草根相连。
汇：类。

【观象会意】
茅，白茅。白茅上柔下刚色白，有君子之象。拔其一，其根牵引，连茹而起，君子引类之象。三阳在下，相连而进，拔茅连茹之象。初爻动而变巽，巽为白、为茅。初往则二三同类，牵引而进，伏艮手为拔茅，是连茹以其汇也。初爻上卦应六四，四来援初。君子向上，必引其类，将联合天下君子的力量，同心致泰，所以吉祥。

按：初九，其根相连的茅草，应用于人类社会属于下层民众，民众为草根族。人心交泰的社会，公民有参与政治的机会，民众参政表达自身诉求，正是"上下交而其志同也"。人心思进，必然国泰民安，所以前进吉祥。

九二：包荒，用冯河，不遐遗。朋亡，得尚于中行。
《象》曰：包荒，得尚于中行，以光大也。

【译文】
九二，包容广大，可以涉渡大河，远方的贤人也不遗弃，但不结党营私，中正之道受到崇尚。

《小象辞》说：包容广大，得到了中行之道的帮助，用以发扬光大。

【释辞】

冯：音凭（píng），凭借，依靠。

【观象会意】

朱震说："兑为泽，震为萑，陂泽荒秽之象。二之五以阳包阴，包荒也。坎为大川，出乾流坤，行于地中，河之象也。震足蹈川，徒涉也。徒涉曰冯，冯河也。二近五远，不遐遗也。二绝其类而去，朋亡也。"

九二义理包含四个方面：一、在泰之时要有包容荒秽的肚量，以安定人心；二、要有暴虎冯河的勇气，越险犯难，清除社会中弊病；三、选拔人材，关心人民疾苦，一个也不能少；四、老吾老以及人之老，天下为公，绝不搞朋党之私，故戒以朋亡。

这四点具备了，方能配合六五而行中道，六五柔中以下九二、二刚中而配五，坎离日月，充满六合而无私照，其道光大，如此则无一人不泰了。

　　九三：无平不陂，无往不复。艰贞无咎。勿恤其孚，于食有福。

　　《象》曰：无往不复，天地际也。

【译文】

九三，大地没有只是平坦而不变为陡坡的，人生旅途没有去而不返的。能够牢记艰难，守持正道，必无过错。不怕不取信于人，对于禄位不但无影响，还可享有口福。

《小象辞》说：人生旅途没有去而不返的，九三处于乾坤相交的边际。

【释辞】

陂：音坡（pō），山坡。

【观象会意】

九三居泰之中，在天地之际，阳极遇阴将转化为否，平坦的将变成斜坡，世道没有永远平安而不倾覆的，旅途没有去而不返的，所以戒之。时当大变，只有艰难守正，岿然不动，方能无咎。九三与上六，是有孚信的，三失位为忧，忧是恤。勿恤其孚，是不以利害之心改变操守，有自信之心。于食有福。兑为口，三阳为福。君子之于利禄的态度应当是，摆正心态，居易以俟命。

六四：翩翩，不富以其邻，不戒以孚。

《象》曰：翩翩不富，皆失实也。不戒以孚，中心愿也。

【译文】

六四，如鸟儿翩翩向下（求食），因为它们都腹中空空，邻鸟并未互相告诫，相信六四，跟随一起行动。

《小象辞》说：翩翩下飞而不富实，连累邻居也不富实。都是阴虚失实。不待告诫而诚信追随六四，内心愿意这样。

【释辞】

翩翩：鸟群飞翔的轻盈姿态。

【观象会意】

"翩翩"是鸟群飞而向下。六四主坤之首，居互震之中，震在上为飞，当泰极将否之初，故率其同类之群阴翩翩而下飞。以其邻不戒以孚，前一"以"字解释为"与"，后一"以"字为连词，犹而。邻指五上两阴。阳实为富，阴虚为贫。巽为富，震反巽，所以不富。尚秉和说："震为飞，故曰翩翩，坤虚故曰不富。以，与也。震为邻，以其邻不戒以孚者，言四及五上皆有应予，下孚于阳也。阴得阳应必吉，故曰不戒以孚。"

阴爻在下为得实，今在上为失实，向下飞是和阳实结合。其追随者是自愿的，这种孚信是无须告诫的。程颐说："人富而其类从者，为利也。不富而从者，志同也。"

六五：帝乙归妹，以祉元吉。

《象》曰：以祉元吉，中以行愿也。

【译文】

六五，殷帝乙嫁少女于周文王，因而得福，大吉大利。

《小象辞》说：因而得福，大吉大利。说明行中道实行了应下的心愿。

【释辞】

祉：音止（zhǐ），福祉。

【观象会意】

史家称商汤为帝乙。京房载汤归妹之辞曰："无以天子之尊而乘诸侯，无以天子之富而骄诸侯。阴之从阳，女之顺夫，本天地之义也，往事尔夫必以礼义。"女以嫁为归。震为长男，兑为少女。妹，是以长男的口吻说的。六五降其尊位，下交九二，帝乙归妹之象也。《周易本义》认为："'帝乙归妹'之时，亦尝占得此爻。占者如是，则有祉而元吉矣"。并认为《易经》中凡是谈到古人的词语都应当如此解释。

九二爻以刚中上交于五，君子之阳道上行到五，这样就完成了治泰之功，以中道致福而获得元吉，故曰以祉元吉。上交于六五，不仅是九二的愿望，也是六五的心愿。所以象辞说："中以行愿也。"

上六：城复于隍。勿用师，自邑告命，贞吝。

《象》曰：城复于隍，其命乱也。

【译文】

上六，城墙倒塌在护城河里，不可使用武力挽救崩溃的政权，要精减政令，改革时弊，安静自守度过危难时期。

《小象辞》说：城墙倒塌在护城河里，像一个政权大势已去，政令混乱了。

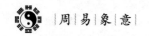

【释辞】

城：城墙。

隍：音皇（huáng），《说文》："隍，城池也。有水曰池，无水曰隍。"

【观象会意】

上六是治极而乱，从全卦来看，掘土为隍，积土为城，是泰兑之象。坤为土，城象，互兑为泽，隍象。坤为众，师象，为地，邑象。乾为言，告命象。城高而坠，复归于隍，是泰反于否也。上六城复于隍，是天地闭塞，君王失去人心，故告诫不要用武力挽救政权。尚秉和说："复、覆通。艮为城，兑为隍，城池也。三至上艮覆，正当兑泽，故曰城复于隍。城复于隍，国政崩也。坤为师，震为言，为告命。坤阴下降主退，故曰勿用。"

朱熹说："泰极而否，城复于隍之象。戒占者不可力争，但可自守，虽得其贞，亦不免于羞吝矣。"

【易学通感】

阴气上升，阳气下降，是泰之象。天地交而万物通，这是天之泰；百姓是父母，官员是公仆，上下交而其志同，这是地之泰；头欲寒凉，足下欲暖，这是人之泰。世间万物如欲维持长泰，一是上下相交，二是要阴阳平衡。舍此没有他途。

泰卦用于政治，营造国泰民安的社会，身居下层广大的草根族是关键。初九曰："拔茅茹，以其汇，征吉。"人往高处走，每个人都有追求幸福生活的权利。一个负责任的政府必须为社会底层的民众创造机会，为他们开辟上升的渠道，社会公平不应当只是口号。

否 第十二卦

乾宫三世卦

否 ☷☰ 坤下乾上 中爻艮巽　　【错】☷☰ 泰　　【综】☷☰ 泰

【题解】

《序卦传》说："泰者，通也。物不可以终通，故受之以否。"凡事物的发展，通泰到了极致，必然会走向反面，这个反面就是否闭，所以否卦排在泰卦后面。《杂卦传》说："否、泰，反其类也。"反其类就是否泰为相反之卦，泰卦乾下坤上，天地之所相交，为通泰之象。否卦坤下乾上，天地二气不相交，为否闭之象，故卦名叫"否"。本卦的卦旨是教人处"否"之时应顺应自然，隐忍自保，要有转"否"为"泰"的毅力和信念。

否：否之匪人，不利君子贞，大往小来。

【译文】

否卦，否闭的是不该否闭的人，不利于君子守正，大人君子被排斥在外，阴险小人来到政权内部。

【释辞】

大往小来：乾阳到上卦，是大往，坤阴到下卦，是小来。

《彖》曰：否之匪人，不利君子贞，大往小来，则是天地不交，而万物不通也，上下不交而天下无邦也。内阴而外阳，内柔而外刚，内小人而外君子。小人道长，君子道消也。

【译文】

《彖辞》说：否闭的是不该否闭的人，不利于君子守持正道，阳气往外，阴气往内，这是天地之气不相交。居上位的人不体恤下民，下民疏远统治者，政权将要衰落灭亡。内部阴暗，外表阳光，内里虚弱，外示刚强，小人盘踞在朝廷内，君子被排挤在外。小人得势，其道增长，君子失势，其道衰微。

《象》曰：天地不交，否；君子以俭德辟难，不可荣以禄。

【译文】

《大象辞》说：天地二气不相交合，是否塞的象征。君子体会这一卦象，收敛自己道德的光芒，避免灾祸，不要以做官为荣耀。

【释辞】

否：音匹（pǐ），闭塞不通，不交往。否卦是泰卦的反卦，卦象、卦义、卦爻辞皆相反。

【观象会意】

此卦从泰来，下体三阳往上，上体三阴来下，故为否闭，否是闭塞不通。乾向上，坤向下，两不相交，所以否塞而不通。匪人，指的是三、四爻为人位，两人位都是不得其正，所以是匪人，即否闭了不该否闭的人。不利君子贞，当三阴在内，小人当权之时，自然不利于坚守正道的君子了。九五得正，是贞之象。大往小来，阳为大，阴为小，是说三阳往而居外，三阴来而居内。从象上来看泰卦互兑互震，以长男配少女，故有亨通之象。否卦互艮互巽，少男与长女不相配，所以否塞而不通。按十二辟卦，否为七月卦，阴长阳消，所以说君子道长，小人道消。

乾为德、坤为吝啬、俭之象。避难是避小人之祸，三阴在内，小人之象，三阳在外，乾为德；俭，俭约，俭德，是收敛自己道德的光芒。坤为吝啬，有俭之象。避难，是躲避小人的灾祸。三阳爻出往在外，是避难之象。《尚氏学》："乾为禄，艮为荣，巽伏，故不可荣以禄位。言当否之时，遁入山林，高隐不出也。"

初六：拔茅茹，以其汇，贞吉，亨。
《象》曰：拔茅贞吉，志在君也。

【译文】

初六，拔掉茅草，其根相连，必牵引同类，守持正道可获吉祥，亨通。
《小象辞》说：牵引同类共同守正的吉祥，心志在应合君王。

【观象会意】

拔茅茹，以其汇，与泰卦相同。互巽为茅，泰以三阳象根，否以三阴象根。马其昶认为："否泰初爻，皆主用人者言，初辞拟之也。泰时君子道长，所拔其正，曰征吉，不曰贞吉，速其进也。否时不利君子贞，曰贞吉亨，歆之也。化初为阳，乃能吉亨。志在君，志在阳也。否何尝不可转？亦视乎所拔之人贞与不贞耳。"初六在下，上应九四，所以九四拔之。初六是三阴爻的根，拔起来必连累同类，象辞以消阳为戒，而爻辞以承阳为美。否卦的拔茅茹是下为上所用，阴为阳所得。

来知德认为，从象变来看："初六动则下卦成震而伏巽，震为萑苇，巽为白萑苇之类而洁白者，茅也，承互体之艮，艮为手，拔也。"这一爻说的是处否之时，君子引同类坚守纯正之志就会吉祥。

初爻爻辞取象与泰初九同，但两爻喻义相反，前者处泰之始，三阳在下同质相连并动，与上卦之阴结合，故称"征吉"。此爻处否之初，三阴在下同质相连而退，与上卦三阳本相应而不应，故下爻戒以"贞吉"，亨。即守持正固然后有吉，可亨。

一言以概之：泰初九之汇，动在上进；否初六之汇，动在坚守正道。泰否之世的形成，草根民众的力量绝不可以漠视。

六二：包承，小人吉，大人否，亨。

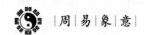

《象》曰：大人否亨，不乱群也。

【译文】

六二，包容承受，小人吉祥；大人否定小人之道，可以致亨。

《小象辞》说：大人否定小人之道，亨通，是不让小人扰乱群体啊。

【观象会意】

包是五包二，承是二承五，所以是包承。包承，指二包容而奉承九五，故有小人吉之象。大人指九五，六二与九五正应，否义得通，所以说否亨。《象辞》说"不乱群也"。君子处否之道，不以小人的包承而丧失其操守，就会亨通。身入小人之群而能不乱，举世混浊唯我独清。

《王弼注》："大人否之，其道乃亨。"六二居否之世，居中得其位，用其至顺的阴柔之道包承于上，小人的路通了。大人否，亨。否就是否定，否，不也。从正面告诫大人，应当否定小人之道，不与相包承，则可致亨。

六三：包羞。

《象》曰：包羞，位不当也。

【译文】

六三，包容丑恶，终至羞辱。

《小象辞》说：包容丑恶，终至羞辱，六三居位不适当。

【观象会意】

六三居群阴之上，统揽下面二阴，但阴柔不中不正，是包羞的原因。恃上九所包容，怀谄奉承，妄作为非，终至羞辱。六三以阴包阳，无才也。居位不当，无势也。无才无势之人，下不能与初、二相交，对上包藏祸心欲消阳，所有的人都不愿与之交往，所以是包羞。《易林·否之遁》曰："失恃毋教，嘉偶出走。偶如失老，如丧家狗。"就是六三的写照。

《王弼注》："三以阴柔不中不正以居否，又切近于上，非能安道立命，穷斯滥矣，极小人之情状也。"

九四：有命无咎，畴离祉。

《象》曰：有命无咎，志行也。

【译文】

九四，有扭转否塞之道的使命，无所过错。同类依附，同心协力，共享福祉。

《小象辞》说：有扭转否塞之道的使命，没有过错，心志得以实行。

【释辞】

畴：音愁（chóu），通"俦"，犹言众类，指下卦众阴。

离：附丽，依附。

祉：福祉。

【观象会意】

九四互巽，巽为命。畴，是众类。九四进入上卦之初，否道将有扭转，奉命改变否运，所以无咎。在否道将转时，群阴依附改变否道的君子而获福。九四之志，扶危济倾，所以不疑所行也。九四阳刚，近于君位，是有济否之才，身居高位的人。当否之时，可以扭转否闭的命运，但是必须依靠九五才能成功。

《程传》："四以阳刚健体居近君之位，是有济否之才而得高位者也，足以辅上济否，然当君道方否之时，处逼近之地，所恶在居功取忌而已，若能使动必出于君命，威柄一归于上，则无咎而其志行矣。能使事皆出于君命，则可以济时之否，其俦类皆附离其福祉。离，丽也。君子道行，则与其类同进以济天下之否，俦离祉也。"

九五：休否，大人吉。其亡其亡，系于苞桑。

《象》曰：大人之吉，位正当也。

【译文】

九五，否塞不通的局面休止了，大人吉祥。将要灭亡，将要灭亡，常怀警

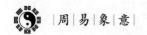
惧之心，政权的稳定就像系在盘根错节的桑树上一样，坚固不拔。

《小象辞》说：大人的吉祥，是因为它位置正当。

【释辞】

休：休止。苞桑：丛桑。

【观象会意】

《说文》：人依木为休。休否，是否道的休止。九五为巽木之上，是休之象。巽为桑，坤为多，故曰苞桑，苞桑即丛桑。巽又为绳、为系，故曰系于苞桑。

《程传》说："五以阳刚中正之德居尊位，故能休息天下之否，大人之吉也。大人当位能以其道休息天下之否，以循致于泰，犹未离于否也。故有其亡之戒。否既休息，渐将反泰，不可使为安肆，当深思远戒，常虑否之复来，曰：其亡矣，其亡矣，其系于苞桑，谓为安固之道，如维系于苞桑也。桑之为物，其根深固，苞谓丛生者，其固尤甚，圣人之戒深矣！"王夫之说："九五阳刚中正道隆位定，安处不挠，而又得四上二阳所夹辅之，故时虽否而安处自加，大人静镇以消世运之险阻，吉道也。三阴据内以相迫，虽居尊位、权势不归、危势交起，有其亡其亡之象焉。而正己择交不改其常度，周公居东止流言之祸而靖国家用此道也。"

孔子在《系辞传》中说："危者，安其位者也；亡者，保其存者也；乱者，有其治者也。是故君子安而不忘危，存而不忘亡，治而不忘乱，是以身安而国家可保也。《易》曰：'其亡其亡，系于苞桑。'"

上九：倾否，先否后喜。

《象》曰：否终则倾，何可长也。

【译文】

上九，倾覆否塞的时段，先是否塞，后是喜悦。

《小象辞》说：否终则泰复，不能长否。

【观象会意】

上九当否之终，是将倾否以反于泰之时。九五的休否，仅仅是休止了否闭的运势。上九的倾否，是尽除其否运了。未除之时，为世运担忧，因为否尚在，故说先否。既倾之后，为世运而喜，所以是后喜。

《尚氏学》："倾，覆也。上应在下，三巽为陨落，故为倾否，言倾否而出之尽也，然当未毁之先，则仍否也，故曰先否，上反下为震，震为乐为后，故曰后喜。上九动则上卦成兑，兑为悦，故喜。"

《程传》："上九否之终也，物理极而必反，故泰极则否，否极则泰。上九否既极矣，故否道倾覆而变也，先极否也，后倾喜也，否倾则泰矣，后喜也。"

【易学通感】

阴长阳消，二气不交，是否闭之象。当世运否塞之时，上下之情不通，小人当政，君子退避。然而世道不会永远否闭，就像黑夜必将过去，太阳必然升起，人生也是三十年河东，三十年河西，哪能倒霉一辈子呢？人体的否闭，是阴阳不交，则腠理不通，大便秘结、高烧不退。当用宣泄之法以消梗，滋阴之法以除热。

否卦用于政治，天道循环，治乱交替。天下承平日久，人心由逸豫而放纵，人欲横流。拨乱反正，关键在于人心，人心融洽，虽乱必治，人心乖离，虽治必乱。

同人　第十三卦

离宫归魂卦

同人 ䷌ 离下乾上
中爻巽乾　　【错】䷆ 师　　【综】䷍ 大有

【题解】

《序卦传》说：物不可以终否，故受之以同人。《杂卦传》："同人，亲也。"同人卦体离下乾上，离为火，乾为天。天气上升，火性炎上，取与人和同之义。否是天地不交，阴阳二气上下不交，用于人类社会则是政治否塞，黑暗。上下相同为同人，可以扭转否塞的局面，所以卦序放在否卦之后。

《礼记》中有《礼运大同篇》，按成书过程《易经》在前，《礼记》在后，孔子的大同思想源于同人、大有二卦，我们学习了这两卦，可以寻出端倪。

本卦卦辞为大同世界的最高理想，爻辞为实现大同世界的艰难过程。

同人：同人于野，亨，利涉大川，利君子贞。

【译文】

与天下的人同心同德，亨通。有利于涉过大河险阻，有利于君子守持正道。

在旷野上聚集人群，亨通。利于涉越大江大河。利于君子守正。

《象》曰：同人，柔得位得中而应乎乾，曰同人。同人曰，同人于野，亨，利涉大川，乾行也。文明以健，中正而应，君子正也。唯君子为能通天下之志。

【译文】

《彖辞》说：同人卦，柔爻居柔位，处下卦之中，又与上卦乾相应，所以称"同人"。同人卦说：与天下的人同心同德，亨通。有利于涉过大河险阻，这是乾天刚健的运行。卦象是文明而刚健，行为中正又互相应和，这是君子光明正大，柔性中行，以正道为美德。只有君子才能会通天下人的意志。

《象》曰：天与火，同人；君子以类族辨物。

【译文】

《大象辞》说：上乾为天，下离为火，是同人卦的象征。君子观看这一卦，要善于归纳辨别事物的族类。

【释辞】

野：旷野。国中为邑，邑外为郊，郊外为野。

【观象会意】

同人卦是与人相同，天在上，火性炎上，上与天同，是同人之象。二、五爻皆居正位，以中正相同，是同人之义。同人卦一阴爻，五阳爻都与其志相同，也有相同之义。

同人下卦离，六二阴爻居中为得中，上与九五正应是应乎乾，所以是同人。"同人曰"三字，朱熹以为是衍文。尚秉和认为：乾伏坤为野，野以喻宽广而无私。《易林》、荀爽都以乾为河为海，是以乾也为大川，利涉指九五，所以《彖传》释为"乾行"。《程传》认为：夫同人者，以天下大同之道，则圣贤大同之心也。不为私情所系，天下皆同，何险阻不可济，所以亨通，利于君子占卜。朱熹认为：通天下之志，乃为大同，不然则是私情而已。

乾为天，有野之象。火在旷野燃烧，有上同于天之象。一阴居正位，五阳凝聚周围，故曰同人。互巽为木，有舟之象。又巽为风、为利，故曰利涉大川。

《尚氏学》："易以阴阳相遇为类。"《正义》："族，聚也。"聚居一处，故曰同人。然而所以能聚者，以其类也。如果纯阳纯阴，则不能聚矣。类族方能合异为同。乾阳物，坤阴物，同一物也，而分阴阳，辨别也，明也。同人五阳一阴，阴虽少，然五阳之所类也，既五阳之所同也。《系辞》说："方以类聚，物以群分。"虞翻说："君子和而不同，故于同人以类族辨物。"

《程传》："君子观同人之象，而以类族辨物。各以其类族，辨物之同异，若君子小人之党，善恶是非之理，物情之离合，事理之异同，以异同者，君子能辨明之故，故处物而类其方。"

初九：同人于门，无咎。
《象》曰：出门同人，又谁咎也？

【译文】

初九，君子刚出家门就与人同行，没有过失。

《小象辞》说：君子出门与人同行，又有谁责备他呢？

【释辞】

门：初九变，下卦成艮，艮为门，故说同人于门。

【观象会意】

同人于门是同人于门外，不是同人于门内。所以《象传》说出门同人。走出门外去同人，所同的范围广，不会囿于门户之见，是无所偏私之同。《程传》认为，初九居同人之初而无系应，是无偏系的，同人之公者也。故为出门同人，出门谓在外，在外者无私昵之偏，如此则无过矣。

按：同人初九动，则变为天山遁卦，艮为山、为安，乾为福禄，艮为狐、为豺虎。所以《焦氏易林》同人之遁说："安如泰山，福禄屡臻，虽有豺虎，不能危身。"

此爻用于个人：得此爻的人，为出门交友之象。俗话说：在家靠父母，出门靠朋友。《小象辞》说"出门同人"，说的是出外自得同人之助，因为在门内都是亲属，不能无私，私则有咎。出门往来者，君子以类族辨物。选对了朋友，则道相同，所以无咎。

六二：同人于宗，吝。
《象》曰：同人于宗，吝道也。

【译文】

六二，同于本家族的宗主，有悔吝。
《小象辞》说：同于本家族的宗主，是悔吝之道。

【释辞】

宗：宗庙，宗主，宗族。

【观象会意】

本卦只有六二一个阴爻，众刚都有与之和同的愿望，但阴性贞静，只与九五相应，独亲于九五，而不理会其余四阳爻，此四阳爻必生忌妒，这是致吝之道。

六二为同人一卦主爻，一阴而为五阳所同。正如《象传》所赞许："柔得位而应乎乾"。但是爻辞却说："同人于宗，吝道也。"有贬斥之意，这是为什么呢？象辞是从宏观整体立论阐述同人卦的，爻辞是从微观局部来区分的。同人于宗，在宗庙集合，讲的是血缘关系，以血缘关系相同，就会排斥非血缘关系，会有冲突、相争，正如《礼运大同篇》所阐述："故人不独亲其亲，不独子其子。"六二"同人于宗"，独亲其亲，落入狭隘小圈子的吝道。

九三：伏戎于莽，升其高陵，三岁不兴。
《象》曰：伏戎于莽，敌刚也。三岁不兴，安行也？

【译文】

九三，伏兵于林木之中，又登上高山观察形势，三年之内也未敢行动。
《小象辞》说：伏兵于林中，因为敌人刚强。三年之内未敢行动，因为难行，怎么能行动呢？

【释辞】

戎：军队。

莽：林莽。

兴：行动。

【观象会意】

九三虽应上九，但阳遇阳为敌。下卦离为戈兵、为甲胄，伏坎为丛棘，故说伏兵于莽。二至四爻互巽，巽为入、为高。乾为山、为陵，乾又为行，故曰升其高陵。离卦数三，故曰三岁，敌刚即阳遇阳，安行即行难之意。

按：九三以阳刚居下卦高位，下比于六二，不应于上九，有据二强同，与九五相争之象，故伏戎于莽，等待机会而发作。

《正义》："九三处下卦之极，欲下据六二，上与九五相争也，但九五刚健，九三力不能敌，故伏潜兵戎于草莽之中。怀恶而内惧，时升高陵，以顾望前敌，至于三岁之久，终不敢兴兵，此深见小人之情状。"

同人卦只有三、四爻不说同人，因三、四爻有争夺之象，不是同的对象。安行，是不能行。九三是心欲斗而力不能行。三、四爻居人位，人各有私也，可见化私为公实行大同之难。

《礼运大同篇》："是故谋闭而不兴，盗窃乱贼而不作。"正应九三之象，"三岁不兴"，即"谋闭而不兴"，天下为公，还是天下为亲？为亲，即是取咎之道。

九四：乘其墉，弗克攻，吉。

《象》曰：乘其墉，义弗克也。其吉，则困而反则也。

【译文】

九四，登上城墙窥视，放弃了进攻的打算，吉祥。

《小象辞》说：登上城墙窥视，感到在道义上不能进攻，吉利的缘故是已经过了一段内心的困惑，返回到正确的原则上。

【释辞】

乘：登。

墉：音庸（yōng），城墙。

反：同"返"。

【观象会意】

巽为墉，四居巽上，故曰乘其墉。乘墉据高，故不能攻之。然此爻不当位，无应予，承乘都是阳，有困极之象。三爻以刚居刚，故终逞其强而不能返，四爻以刚居柔，所以有困而知返之义，能返就吉祥。九四，阳居阴位，刚而能柔，夹在处于相争的九三、九五之间，左右逢源，典型的骑墙派。

按：三、四两爻，一个伏戎于莽，一个乘其墉，都是为了向九五君位发难，以争夺六二一个阴爻，但九五居中得正，又与六二系应，三、四爻莫能敌也，视而后能虑，虑而后一个不敢行动，一个知返回正道，返回正道的当然吉利了。

九五：同人，先号咷，而后笑。大师克相遇。

《象》曰：同人之先，以中直也。大师相遇，言相克也。

【译文】

九五，与人同心相求，先号啕大哭，后破涕为笑，大军战胜后相遇。

《小象辞》说：欲同心于人，先经历了号啕，因为居中行正而不能与六二和同，大军相遇，说的是战胜了情敌（战胜了九三、九四的阻隔）。

【释辞】

号咷：音毫逃（háo táo），放声大哭。

【观象会意】

同人，九五欲求六二，但被九三、九四同性的阳爻所阻碍，故先号咷，但九五与六二为正应，九五又居尊得正，最终必相会，所以后笑。乾伏坤，坤为师。相遇，是和六二相遇。因为九三、九四伏戎乘墉从中阻碍，后克而胜之，方能与六二相遇。二、三、四、五爻互为姤卦，姤者，遇也。

程颐认为："九五君位，而爻不取人君同人之义者，盖九五专以私暱于六二，而失其中正之德，人君当与天下大同，而独私一人，非君道也。又先隔则号咷，后遇则笑，是私暱之情，非大同之体也。"

《系辞传》于"《同人》，先号咷而后笑"有一段评价：子曰："君子之道，或出或处，或默或语。二人同心，其利断金。同心之言，其臭如兰。"

程颐说："中诚所同，出处语默，无不同，天下莫能间也。同者一也，一不可分，分乃二也。一可以通金石、冒水火，无所不能也，故云：'其利断金'，其理至微，故圣人赞之曰：'同心之言，其臭如兰'，谓其言意味深长也。""义结金兰"的成语就由孔子的这一段话而来。

上九：同人于郊，无悔。
《象》曰：同人于郊，志未得也。

【译文】

上九，广泛地团结郊野的人，没有悔恨。

与郊外的人和同，没有悔恨。

《小象辞》说：与郊外的人和同，因为它和同六二的志向无法实现。

【观象会意】

郊，在野之内，未至于旷远，但荒僻无与其同也。刘沅说："乾为郊，上居卦外亦郊象。国外曰郊，郊外曰野。同人于野则亨，而郊不若野广远，是未能通天下之志也。"

王弼说："处同人之时，最在于外，不获同志，而远于内争，故虽无悔吝，亦未得志。"上九远居卦外而无应，同人之终，无人与其相同，求同而志不遂，虽不免孤独，但亦无悔。

上九居同人之终，又无应合，是无人可以同了。无人可同则不能通天下之志，所以《小象辞》说："志未得也。"

【易学通感】

学了同人一卦，用以指导人事，便要类族辨物。世间众人乃至于万物，绝无完全相同的东西，要学会区分，《周易》既求同又存异。"昔孟母，择邻处"，就是类族辨物以择居。同人卦用于国家，《礼记·礼运大同篇》称："故外户而不闭，是谓大同。"什么意思？以夜不闭户来阐释，没有错。但把大同思想看低了，孔子的大同思想是世界大同，"外户而不闭"指的是国家对外门户开放，互动交流，和平发展。外户闭是闭关锁国，或是"小国寡民……安其居……老死不相往来"的原始村落。

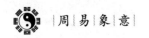

大有 第十四卦

乾宫归魂卦

大有 ☰ 乾下离上
中爻乾兑 　【错】☷ 比 　【综】☲ 同人

【题解】

《序卦传》说："与人同者物必归焉，故受之以大有。"大有卦继同人卦之后，与同人卦相综，天与火同人，火在天上是大有。大有卦五阳一阴，六五一阴居君位，拥有五阳之象。《易》阳大阴小，五阳（大）为一阴（小）所有，所以叫大有。既所有者大，大有的卦义是富有。

大有的卦辞是元亨，拥有天下是最大的富有。但物质上的富有不能元亨，能带来元亨的只有精神上的富有。从卦德上看：内卦乾为刚健，外卦离为文明。用之于人事，只有内心刚健、自强不息、外行文明、顺天应人的领袖人物才具备大有之德；从卦象上看：光明的太阳在天上普照万物，普天下的人都能沐浴到太阳的光辉，这才是"应乎天而时行"，政治上的昌明盛世。

大有：元亨。

【译文】

大有卦，大亨通。

《彖》曰：大有，柔得尊位，大中而上下应之，曰大有。其德刚健而文明，应乎天而时行，是以元亨。

【译文】

《彖辞》说：大获所有，有阴柔之德者居于尊位，品德高大，行为中正，上下阳刚与之应和，所以称大获所有。人有刚健文明的品德，顺应天道规律，与时代潮流同行，这样做前景必然至为亨通。

《象》曰：火在天上，大有；君子以遏恶扬善，顺天休命。

【译文】

《大象辞》说：火在天上，是大有卦的象征。君子从中得到启示，要遏止丑恶，发扬美善，顺应天道，就会使命运美好。

【观象会意】

按《易》例，阳大阴小，大非阴柔所能有也，必谦虚不自满的人才能拥有，六五体明而中虚，所以为大有。李士鉁说："离火在乾天之上，文明及远，无所不照。一阴居尊，五阳皆为所有，故曰大有。"六五阴爻是柔得尊位。"大中"是指六五爻得乾之中曰大中。上下应之，上下是指五阳爻。内卦乾，故其德刚健，刚健则能战胜自己的私欲；外卦离为文明，文明的人能灼见万物之理。"元亨"二字，李士鉁说："以坤爻而有乾元，故大。阴阳亨通，文明刚健，故亨。"

按：大有和同人卦相综，都是一阴五阳之卦，都是一阴而统御五阳。但同人卦"六二"居下卦，处臣位，《象传》称："柔得位得中而应乎乾"。虽然有文明理想，但需要九五之君的采纳，才能推广实行。大有一卦"六五"处君位，外卦离明中心。《象传》称："柔得尊位，大中而上下应之"。同样是文明理想，所处位置很重要，身居君位可以直接推行付诸实践，不必得到什么人认同，同人卦推行理想要"利涉大川"，需要靠君王推行。大有卦"六五"居天子之位，应乎天道，与时偕行，所以是"元亨"，一开始就顺利。

离为日，乾为天，阳光普照天下，照见物之繁多，故曰大有。日在天上是光明之至，光明之至则光明正大，而善恶无所隐藏。君子体会天象法则，恶则抑之，善则举之，故曰"遏恶扬善，顺天休命"。休命的"休"为形容词，有

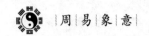

美的意思，有宽裕温柔、休养生息之意。

> 初九：无交害，匪咎。艰则无咎。
> 《象》曰：大有初九，无交害也。

【译文】

初九，没有相互交接的损害，不是过错。艰难自守就没有过错。

《小象辞》说：大有初九爻，没有交接的损害。

【观象会意】

初阳在下，没有与物相交，与九四阳与阳不发生感应，所以无交，没有交往就牵涉不到害处。凡处大有之时，易致自满，满则骄生，骄生则害即随之，有害即有咎，唯有小心敬惧，有而不自以为有，不敢存有骄盈之态，故曰："艰则无咎"。《小象辞》强调"无交害也"。人初到职场，要艰难守正，要选对人而后交，就不会犯错误。

> 九二：大车以载，有攸往，无咎。
> 《象》曰：大车以载，积中不败也。

【译文】

九二：用大车载满货物，有所前往，没有过失。

《小象辞》说：用大车载满货物，积于其中也不会败坏。

【观象会意】

孔颖达说："刚健居中，身被委任，犹若大车载物，车材强壮，不有倾危。"尚秉和说："伏坤为大车为载。"

大车，指牛车。九二上应六五，往则得位，故无咎。刘沅说：阳多之卦皆曰积，积阳应五，无致败之理。

此爻阳居阴位，阴阳刚柔，适得其宜，居下卦之中，上应六五之君，是具大有为之才，遇大有为之时，犹如王弼所说，"任重而不危"，担当国家重任的人，以大车载物为喻，是说其才德足以任重而远行。

九三：公用亨于天子，小人弗克。

《象》曰：公用亨于天子，小人害也。

【译文】

九三，公侯报效天恩，尽其所有朝献君王，小人是做不到的。

《小象辞》说：公侯报效天恩，尽其所有朝献君王，小人见利忘义，则成为祸害。

【释辞】

亨：音想（xiǎng）同"享"，祭祀，宴享，朝献。

【观象会意】

三居下卦之上，公侯之象。天子指六五。小人指九四，九四不中不正、无位，故为小人。刘沅说："三居下之上，公侯之象。不私所有以奉上，本忠顺之事。若小人无刚正之德，以贡献致媚，弗克当此。"若小人而居此德，则私有其富，不知奉公之道，所以"小人弗克"。《左传》记载晋文公将要向周天子进贡，让卜偃占筮，得到《大有》之睽卦。卜偃告诉重耳说，吉利，遇到了公用享于天子之卦。

京房解释说："享，献也。"

九四：匪其彭，无咎。

《象》曰：匪其彭无咎，明辨晳也。

【译文】

九四，不以盛大自居，没有过错。

《小象辞》说：不以盛大自居，没有过错，是能分辨明晰。

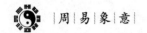

【释辞】

彭：壮大，《说文》：彭，鼓声也。形容声音盛大之貌。

皙：音哲（zhé），明智。

【观象会意】

六爻以三、四爻为中位，四在三之上，大有之象，其势已见壮盛，上承天子之位，有如宰辅大臣，权势正盛，则易招疑获咎，唯居柔善逊，见几而避，虽处其盛，不敢承当其盛，方可以免祸。

《说卦传》："离也者，明也。"九四在上离之中，象征辨理明皙。《程传》说："能不处其盛而得无咎者，诚占者亦如是也。"皙，明智。贤哲的人明白月盈则亏的道理，当其方盛之时，就知道过错将至，所以能调整进度，不敢发展到满极的程度。

六五：厥孚交如，威如，吉。

《象》曰：厥孚交如，信以发志也。威如之吉，易而无备也。

【译文】

六五，以诚信与下属相交，同时保持威严，吉祥。

《小象辞》说：六五，以诚信与下属相交，是因为用诚信激发了下属的士气；它表现出威严而获吉祥，是因为平易近人，使人在无戒备中敬重它。

【释辞】

厥：音决（jué），其，它。

孚：诚信。

【观象会意】

孚，信也。五阳爻全孚于六五，故曰"交如"。六五居君位，光明照耀四方，所以是威如。王弼说："居尊以柔，处大以中，无私于物，上下应之，信以发志，故其孚交如也。夫不私于物，物亦公焉，不疑于物，物亦诚焉，既公且信，何难何备？不言而教行，何为而不威如？"

李士钤说："六五以一阴孚众阳，而众阳亦孚之。孚于一爻为有孚，孚于众阳为厥孚也。兑有孚象，虚中接下，上下相孚，故交如，乾称威，离火烈亦为威，六五柔道居尊，明能照达，恭己无为，可威可象，故威如？威如之吉，易而无备也。"

各家解释不同，朱程二家以为是九二诸爻"易而无备"，主张君上应恩威相济。孔颖达认为，六五之所以能够"威如"而得吉，是因为它对臣下坦诚无私，推行简易，无所防备，孔氏之说可信。

按：有孚交如，孚是心灵的感应，易的本质是阴阳的感应，一阴交感于五阳，五阳交感于一阴，故曰交如。

上九：自天祐之，吉无不利。
《象》曰：大有上吉，自天祐也。

【译文】

上九，来自上天的佑护，吉祥，没有什么不利。
《小象辞》说：大有上爻还有吉利，是来自上天的佑护啊。

【观象会意】

上九以刚明之德，当大有之盛，即有崇高的品德，而下有六五柔顺之君，刚明之群贤辅之，上九只要无所作为，安享自天佑助的福，是吉庆而没有什么不好的人。

《小象辞》说"自天佑也"，是人不可得而为也，上居天位，故曰天。此爻有天佑之意，孔子《系辞传》说："佑者，助也。天之所助者顺也，人之所助者信也。履信思乎顺，又以尚贤也，是以'自天佑之，吉无不利'也。"这是孔子阐发爻辞未尽之意。天所愿帮助的人是顺从天道的人，人所愿帮助的是诚信的人，在行为上恪守诚信，思想上顺从天道，又尊重贤能，这样上天就会佑助他，吉祥而没有不利。《系辞传》又说："富有之谓大业，日新之谓盛德。"

纵观大有一卦，初曰无交害，言不可与有害者相交也。二曰积中，有任重致远之才。三之用亨，有大公无私之量；继之曰小人弗克，小人能妨害君子，必遏去小人之恶，君子之善乃可扬也。四之辨明朋邪，鉴于善恶分途，不使相混。五能履信思顺，虚其心以孚天下，不交而且无不交，不威而自见其威；上爻总赞大有之成功，能顺天者天必佑之。

同人、大有卦，皆取天火为象，合先后天卦位，乾与离同居一方。先天正南，本为乾健之体，坤交于中。后天乃有离明之用，人虽居后天，但时时不先其离明之用，始能恢复先天乾健之体。乾离二卦合德，由刚健笃实而发为辉光，体用互相需求，错之、综之则为天火、火天之象，易于此二卦互发其义，先后天八卦的体用二字，才会越来越明确。

【易学通感】

火在天上，是阳光普照之象，地球上的生物都因太阳的光照而生存，天无私覆，日光下一切平等。

同人时"类族辨物"，不容易彰显真正的是非，大有和平共处，天下为公，才就事论理，褒善抑恶。遏恶扬善对于君子来说，要用口诛笔伐的力量，如孔子作《春秋》，而乱臣贼子惧。

大有者，有其大业也。六五以柔道居尊位，应乎天者自顺乎人，内外五阳皆顺从之而成富有之大业，实以六五虚中纳善，明照万方，如日奉天。离，日也。乾，天也。合离与乾而成大有之象。沈阳曾用名"奉天"，即出自大有卦。中华民国以青天白日为国徽，亦取此象。

谦 第十五卦

兑宫五世卦

谦 ䷎ 艮下坤上
中爻坎震　　【错】䷉ 履　　【综】䷏ 豫

【题解】

《序卦传》曰："有大者不可以盈，故受之以谦。"谦卦坤上艮下，地中有山之象。地体卑下，山体高大而屈居地下，是谦的卦象。以崇高之德而处卑下，是谦的卦义。周公告诫成王说："易有一道，大足以守天下，中足以守其国家，小足以守其身，谦之谓也。"谦，功高而不自居，才高不自许，有成就不自负。

《大象辞》说："裒多益寡，称物平施。"衡量社会财富的多少，进行公平分配，即损有余以补不足，是孔子对谦卦卦象的阐明，也是谦卦卦德在政治上的应用。

　谦：亨，君子有终。

【译文】

谦卦，亨通。君子将有好的结果。

《彖》曰：谦，亨，天道下济而光明，地道卑而上行。天道亏盈而益谦，地道变盈而流谦，鬼神害盈而福谦，人道恶盈而好谦。谦尊而光，卑而不可逾。君子之终也。

【译文】

《彖辞》说：谦卦：亨通。天的规律是下济万物，使大地充满光明；地的规律是处于卑微，地气上升养育万物。天的法则是亏损盈满，填补低洼；大地的法则是改变盈满，流向谦卑；鬼神的原则是些侵害那满盈骄奢的人，降福于卑下谦逊的人；人类的法则是厌恶骄傲的人，喜欢谦虚的人。谦虚的人身居尊位，道德更加光明，处于卑微，人们也难以凌越，这是君子获得善报的原因。

《象》曰：地中有山，谦；君子以裒多益寡，称物平施。

【译文】

《大象辞》说：高山低藏于地下，象征谦虚。君子观此卦象，损有余以补不足，衡量财物的多寡，公平地分配。

【释辞】

裒：音掊（póu），取也。裒多益寡是取多益寡。

【观象会意】

谦，有谦虚、谦退之义。《释文》："谦，卑退之义，屈己下物也。"尚秉和："山本高而在地下，故曰谦（谦是山谦，九三艮体），谦，不自足也。三承乘皆阴，故曰亨。艮为君子，坤为终，故曰君子有终。"

刘沅说："有而不居曰谦。艮内止，坤外顺，谦之意。地卑下，山高大而居其下，谦之象。九三为成卦之主，以其本乾卦之九三，故称君子。坤以大终，艮成始成终，惟君子能谦，惟谦终成其为君子也。"

一阳五阴之卦的立象之意是：一阳在上下者为剥复两卦，象征阳气的消长；在中者为师比二卦，象征众人之所归；至于三、四爻，在上下二体之中际，当六画之中，故以其自上而退处下者为谦卦，自下而奋乎上者为豫卦，这是观画立象者的本旨。

《象辞》用卦体特点解释"谦亨"的含义，天道是指下卦艮九三的阳爻而言，艮为天、为光明，居下卦，故曰下济。济，止也，言一阳止于二阴而成艮。艮居下体，本应在上的天道竟屈居于下，这便有谦义。谦之上体为坤，坤是地道，坤为卑，居上卦，故曰卑而上行，互震为行。

"天道亏盈"以下四句，详细论述谦的好处，从天地神人四方面来看都是盈必受损，谦必受益。从天行而言，盈满则亏，如日中必昃，月满则亏；从地势而言，高岸为谷，深谷为陵，盈满者倾变而陷落，卑下者流注而益增；鬼神指造化和命运而言，造化也是客观规律，盈满者往往得祸，谦损者往往得福；以人情而言，都讨厌骄盈而喜欢谦和的。"谦尊而光，卑而不可逾"，谦逊对什么人都是至关重要的。有尊位的人谦和，其道德更加光大，位卑的人谦和，其道德人们难以超越，谦德只有高尚的君子才能长久保持终身的。正如老子所说："天之道损有余而补不足，人之道则不然，损不足以奉有余。孰能有余以奉天下，唯有道者。"说的就是谦德的君子。

《大象辞》是孔子以自己的思想来阐发易象的社会应用意义，天下为公的大同社会理想。孔子认为统治者应当运用谦之德，做到"裒多益寡，称物平施"，强调的是用谦的精神治理国家社会。就社会财物而言，就是减取多有者，来补充不足的，权衡各种物资和资源的多寡进行公平分配，做到社会公平。

初六：谦谦君子，用涉大川，吉。
《象》曰：谦谦君子，卑以自牧也。

【译文】

初六，谦而又谦，只有君子才能如此，以此美德去涉越大川巨流，也会吉祥。

《小象辞》说：谦而又谦的君子，是能谦卑自守、严于律己的人。

【观象会意】

初六以柔处谦，又处一卦之下，有谦而又谦之象，故称谦谦君子。"用涉"二字，是用谦道而涉之。初爻前临坎水，坎险坎陷，本不易涉，然初居下卦之下，谦而又谦，卑以律己，故可用以涉越大川，而无所不吉。

此外言用涉，即君子居后而不与人争先，什么样险难都可以过。如老子所说："后其身而身先，外其身而身存。"

六二：鸣谦，贞吉。

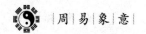

《象》曰：鸣谦贞吉，中心得也。

【译文】

六二：谦虚的声名闻于远近，守持正道可获吉祥。

《小象辞》说：谦虚声名闻达于远近，守正吉祥，因为这种谦虚是发自内心而有所得。

【观象会意】

三体互震，震为善鸣马，六二承之，故说鸣谦。二当位，所以贞吉。

刘沅说："二五皆中，其心相得，故谦德合而吉，此鸣而得其应者。"

程颐说："谦德积于中，发于外，见于声音颜色，曰鸣谦，二之贞吉，所自得也，非勉为也。"

按：鸣者，鸟兽之雌雄和鸣也。如《诗经》"呦呦鹿鸣，食野之苹"，"嘤其鸣矣，求其友声"，都是雌雄互鸣。苏轼说："雄鸣则雌应，故易以阴阳唱和寄之于鸣谦，之所以为谦者三……六二其邻也，上九其配也，故皆和之，而鸣于谦。"

九三：劳谦，君子有终，吉。
《象》曰：劳谦君子，万民服也。

【译文】

九三，勤劳谦虚，这样的人有好结果，吉祥。

《小象辞》说：勤劳谦虚的君子，千万民众对他都佩服。

【观象会意】

坎为劳卦，故曰劳谦。《说卦传》："劳乎坎。"艮为君子，艮成终，故曰君子有终。九三前临群阴，坤为众，故曰："万民服。"九三是谦卦主爻，是唯一阳爻。劳有勤劳、功劳二义。《系辞传》说："'劳谦，君子有终，吉。'子曰：'劳而不伐，有功而不德，厚之至也。语以其功下人者也……'"说的就是九三之德。

程颐说："三以阳刚之德而居下体，为众阴所宗，履德其位为下之上，是上为君所仕，下为众所从。有功劳而持谦德者也。故曰劳谦，古之人有当之者，周公是也。身当天下之大任，上奉幼弱之主，谦恭自牧，可谓有劳而能谦矣。既能劳谦，又须君子行之有终则吉。"

六四：无不利，㧑谦。

《象》曰：无不利㧑谦，不违则也。

【译文】

六四，没有不利，挥扬谦虚的美德。

《小象辞》说：没有不利，挥扬谦虚的美德，不违背原则啊。

【释辞】

㧑：音辉（huī），通挥。

【观象会意】

无不利㧑谦者，四为人位，多惧之地，六五是谦柔自处之君，九三是劳谦之功臣，六四乘阳，又与五无应，所以六四对下应当卑巽以让，对上必须恭敬事奉发挥谦德，是不违背法则的，也是无不利的。六四柔而得正，上而能下，可谓谦矣，无不利贞！然处近君之地，在功臣之上，故戒以更当发挥其谦逊之德。

谦卦卦主九三"劳谦"，既劳且谦，为万民所敬服，六四进入上卦，面临坤土之众民，正是对谦德发扬光大之时，不可违反谦德精神，故《小象辞》说"不违则也"。

六五：不富，以其邻利用侵伐，无不利。

《象》曰：利用侵伐，征不服也。

【译文】

六五，与邻爻都是阴虚不富，利用侵伐以维护权威，无往而不利。

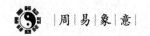
《小象辞》说：利用侵伐以维护权威，征讨不肯服从的邻国。

【观象会意】

坤虚故不富，震为邻，为侵伐。六五得尊位而无应，故有征不服之辞。坤为众，中爻震，六五爻变成离，离为戈兵，众动戈兵，侵伐之象。此象亦同初六，用涉大川，但此是以变爻说的，上六利用行师也是此象。六五以柔居尊，是在上而能谦的人。在上能谦，跟从的人就多了，所以有不富以其邻而利用侵伐之象。利用侵伐，主要是征不服者，是不得已而为之。

《小象辞》所说的"征不服也"指的是九三。从全卦来看，五阴一阳之九三君子，人在基层，劳而能谦，故得到众阴的拥护（万民服也）。由于得到万民拥护，对君权构成挑战。站在六五的立场来看，九三是征不服的对象。

上六：鸣谦，利用行师，征邑国。

《象》曰：鸣谦，志未得也。可用行师，征邑国也。

【译文】

上六，谦虚名声远扬，利于行军作战，征讨相邻小国都邑。

《小象辞》说：谦虚名声远扬，但志向还未实现，可以出兵打仗，征讨小国都邑了。

【观象会意】

上六应在九三，九三震体，震为善鸣，故曰鸣谦，意为与九三阴阳和鸣也。震为行，坤为师为邑国。上六应在九三，三为坎卦，坎为志。志未得，说的是上六为六四、六五二阴爻阻隔，难以与九三相应。

六二《小象辞》说"中心得"，以其居中得正，内心充实。上六鸣谦《小象辞》说"志未得"，以其居谦之极，自己谦德不足，心志尚未完全实现。胡一桂说："谦一卦六爻，下三爻皆吉而无凶，上三爻皆利而无害。《易》中吉利，罕有如此纯全者。"由此可见，人在社会中发挥谦德，在什么情况下都不会招致祸患。

【易学通感】

谦卦各爻辞都有"谦"字：初六"谦谦君子"；六二"鸣谦"；九三"劳谦"；六四"㧑谦"；上六亦"鸣谦"；唯独六五不谦。谦卦主张谦让不争，但是在君权社会，有了权就有一切，没有权就没有一切。什么都可以让，江山社稷不能让，九三劳谦之君子，是全卦主爻，深得万民拥护，但是阳处阳位，在君主眼中是过刚不服之臣，恰恰对六五之君构成了威胁，势必征而讨之。可见《易经》的取象是随着时位的变化而变化的。

豫　第十六卦

震宫一世卦

豫 ䷏ 坤下震上
中爻艮坎　　【错】䷈ 小畜　　【综】䷎䷎ 谦

【题解】

《序卦传》说："有大而能谦必豫，故受之以豫。"豫，为和乐顺畅。朱震说："豫，和豫也，休逸闲暇之谓也。"豫卦下坤上震，震为雷、为动，坤为顺，雷出地面，奋发其声，大地惊动，舒畅之象。上动下顺，阳气发动万物生长，故为和乐、顺畅。豫卦用于政治，政府的行动应顺乎民心，上动而下顺，顺则和乐而社会安定。

豫：利建侯行师。

【译文】

豫卦象征和乐，利于建立诸侯，出师作战。

《彖》曰：豫，刚应而志行，顺以动，豫。豫，顺以动，故天地如之，而况建侯行师乎？天地以顺动，故日月不过，而四时不忒；圣人以顺动，则刑罚清而民服。豫之时义大矣哉！

【译文】

《彖辞》说：豫卦，阳刚九四爻得到五阴爻的感应，心志得以推行。顺时而动，所以称作"豫"。豫卦顺时而运行，所以天地就如同它一样，何况建立诸侯、出师作战这类事情呢？天地顺时而动，所以日月运行不失度，四时更替无差错；圣人顺时而动，就会刑罚清简，天下百姓服从。豫卦所包涵"顺时而动"的意义多么伟大啊！

《象》曰：雷出地奋，豫；先王以作乐崇德，殷荐之上帝，以配祖考。

【译文】

《大象辞》说：春雷震震，大地复苏，万物齐发，是豫卦的卦象。先王观此卦象，效法于声满天地的雷鸣，于是制作音乐，用来歌颂尊崇德业，通过盛大的典礼奉献给天帝，并让祖先的神灵配合共享。

【释辞】

豫：有三义：①和豫，和乐顺畅。②逸豫，安逸于豫。③备豫，事有豫备，凡事预则立，不预则废。

忒：音特（tè），差错。《说文》：忒，更也。《广雅》：忒，差也。

殷：盛大。

荐：进献。

配祖考：以先祖先父参加陪祀，分享荐进之礼。

【观象会意】

豫是和乐。人心和乐以顺应其上。九四一阳，上下五阴都愿意应合它，所以其志得行。以坤遇震，为顺以动，九四为侯位，坤为师，所以利建侯行师。"刚应而志行"，九四一刚爻为卦主。内卦顺，外卦动，上动而下顺，所以为豫。凡是搞政治，必须顺应天道规律，应乎人心，也就是顺乎世界潮流发展。天体运转也是因为顺以动，才能和乐的，何况人间的建侯行师这种关系民生的事，岂可违背天道，不顺而动吗？孙中山先生说过："世界潮流，浩浩荡荡，顺之则昌，逆之则亡。"说的就是顺以动。

程颐说："雷者，阳气奋发，阴阳相薄而成声也。……始闭郁及奋发则通畅和豫，故为豫也。坤顺震发，和顺积中而发于声，乐之象也。"奋，是雷出地奋发而出声，作乐之象，中爻坎为乐律，乐之象，五阴推崇一阳刚之德，崇德之象。《说卦传》："帝出乎震"，上帝之象。坎为隐伏，鬼神宗庙之象。

初六：鸣豫，凶。
《象》曰：初六鸣豫，志穷凶也。

【译文】

初六，倚仗权势自鸣得意，有凶险。
《小象辞》说：初六的自鸣得意，志骄意满，必然凶险。

【观象会意】

初六阴柔无才，居下位，不中不正，与九四相应，四震为鸣，故曰"鸣豫"。但初前往应四，二、三爻为敌、为阻隔，所以凶险。

程颐说："初六以阴柔居下，四豫之主也，而应之。是不中正之小人处豫而为上所宠，其志意满极不胜其豫，至发于声音，轻浅如是，必至于凶也。"

王应麟说："鸣谦则吉，鸣豫则凶，鸣者心声之发也。"龚焕说："豫之初六即谦上六之反对，故谦上六曰鸣谦。豫之初六应九四，故不胜其豫以自鸣。鸣，谦而鸣则吉，豫而鸣则凶。"

老子说："自见者不明，自是者不彰，自伐者无功，自矜者不长。"人生之初就倚仗其家族的权势和社会的关系而自鸣得意，自以为是，一定凶多吉少。

六二：介于石，不终日，贞吉。
《象》曰：不终日贞吉，以中正也。

【译文】

六二：耿介如巨石，不等日落，就离开安逸，坚守正道可获吉祥。
《小象辞》说：不等日落就离开安逸，是因为它居位中正啊。

【释辞】

介：耿介。一说同"界"，边界。《经典释文》说："介，古文作玠，云谓磨矶也。"《广韵》："矶，古拜切。"读为盖（gài）。

【观象会意】

尚秉和认为：然则"介于石"即触于石，艮为石，二前遇之，故触于石。易之道，异性为美，同性为敌，二五无应，承乘皆阴。如触于石而不相入，故君子见几而作，不俟终日也。艮为终日。

刘沅说："初鸣豫以援四，三盱豫以望四，二处其间，不易其操，其不终日而即去，非矫情，非戾俗，乃得处豫之中正也。"

马其昶说："易曰介于石，不终日贞吉。盖豫之时，众皆溺于豫乐，二独以灾咎将至，遂去不留，其介节如石，声之砭而不别也。"

《系辞传》载孔子的一段话，子曰："知几其神乎！君子上交不谄，下交不渎，其知几乎！几者，动之微，吉之先见者也。君子见几而作，不俟终日。《易》曰：'介于石，不终日，贞吉。'介如石焉，宁用终日？断可识矣！君子知微知彰，知柔知刚，万夫之望。"对六二的"介于石，不终日"行为大加赞赏。

按："介于石"是指操守耿介如石，不可动摇。从世风来论，耽于逸豫之道，则失其正，所以豫卦诸爻，多不得正，唯六二以中正居阴，其与九四之刚不相应与亲比，有自立独守操节，其性格之耿介，如巨石之坚，多数人处豫乐之时，或洋洋自鸣得意，或眷恋而不舍，或昏迷而不悟，是都失其中正之德矣。六二独坚固操守不为外界所动，知耽于豫乐之不可取，于是远离豫乐而去之，不待一天的终了。其察几微之心甚明，其行动甚为果决，其避祸甚速，所以是介于石，不终日。

六三：盱豫悔，迟有悔。
《象》曰：盱豫有悔，位不当也。

【译文】

六三，媚上取悦，对下横目，必有悔恨，如悔悟太迟，必悔上加悔。

《小象辞》说：媚上取悦，对下横目，必有悔恨，因为六三居位不中不正。

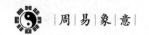

【释辞】

盱：音需（xū），上视也。《说文》："张目。"郝懿行说："盱，上视。阴柔不中以居高位，不胜其豫，视瞻高傲，故宜有悔。鸣发于声，盱形于目。"

【观象会意】

六三变则互巽，巽为多白眼，故象为盱。又巽为不果，故为"迟"。六三失位无应，在艮中，艮止不化，故悔迟。六三阴居阳位，不中不正，上视九四的权势，而欲趋炎附势，然而六三阴柔却居于阳位，所以还有能反悔之意，如果悔得及时还不为晚，若悔得迟，必悔上加悔。

　　九四：由豫，大有得。勿疑，朋盍簪。
　　《象》曰：由豫大有得，志大行也。

【译文】

九四，五阴爻依赖九四得到和乐，大有所得，不要疑虑，朋友像簪子聚合头发一样聚在周围。

《小象辞》说：九四大有所得，因为它的心志能大得推行。

【释辞】

由：由来；由豫，由之以豫，即众阴由九四得到欢乐。

盍：合。

簪：音 zān，所以括发；朋盍簪，是说群阴归四，好比用簪子来括发。即一阳横贯于五阴之中。

【观象会意】

震为春，坤为地，占得此爻者，为春雷震动，奋出地上，有扫除积阴，启发阳和之象，九四之豫，为和豫之义。

刘沅说："四多惧，互坎有疑象。又互艮止，故戒勿疑。阴以得阳为朋。簪以束发，一阳横贯于五阴，以簪括发之象。九四为成卦之主，一阳得群阴之助，其志大行。"

程颐说："豫之所以为豫者，由九四也，为动之主，动而从阴悦顺，为豫之义。四大臣之位，六五之君顺从之，以阳刚而任上之事，豫之所由也，故云由豫，大有得，言得大行其志，以至天下之豫也。"

《小象辞》所说"大有得"，是群阴为阳所得。"志大行"，是一阳应合五阴，没人和它争夺。坤为民，大得民心的人，其道可以大行天下。

六五：贞疾，恒不死。

《象》曰：六五贞疾，乘刚也。恒不死，中未亡也。

【译文】

六五，占问疾病，长久不会死去。

《小象辞》说：六五贞问疾病，是因为它乘于阳刚之上。长久不会死去，是因为它没有失去中和之道。

【观象会意】

坎为疾，疾患是豫乐的反面，《尚书·金縢》说："王有疾，不豫。"六五的"疾"，应当是心理上的病。其心腹之患，当然是九四。九四一阳，功高震主，深得人心，六五则势单力孤，当然不快乐。然而六五虽然有疾，却长久不会死去。《小象辞》说"中未亡也"，是指六五未丧失信心。

以此爻喻人生，有疾病的人重视养生，反而可享天年。六五爻变，则为萃卦。《焦氏易林·豫之萃》说得明白："中原有菽，以待饔食。饮御诸友，所求大得。"震为菽，菽是豆类。六五之君因为有疾而改变饮食结构，以豆类为主，茹素为饔食，当然"所求大得"了。

李士鉁说："互坎为疾，坤为死，震为反生，故不死。震亦有恒象。人有疾则不敢纵欲，不纵欲则常不死，下有强臣，则常怀戒心，有戒心则国不亡。五之不死者，以贞疾故也。"

上六：冥豫成，有渝无咎。

《象》曰：冥豫在上，何可长也？

【译文】

上六，昏昧不明地纵情享乐，终有变化，没有害处。

《小象辞》说：昏昧不明地在上面纵情欢乐，如何能够长久呢？

【释辞】

冥：音明（míng）。

渝：变化，改变。

【观象会意】

下卦坤，坤黑为冥；上卦震，震动则变，渝，变也。"冥豫"者，昏冥而耽于豫乐不识迷途知返。上六以阴柔之性，居豫乐之极，纵欲而不顾，极乐而不厌，所以是"冥豫"。其有利条件是上六当位，日前尚无大咎，但是久豫则祸必至，所以《小象辞》说："何可长也？"若此爻动则上变成离，全卦成火地晋，明出地上，是光明之象。身居高位不应一味耽于豫乐，是改弦更张的时候了，若能改变，当然可以无咎了。

【易学通感】

以豫卦用于养生，贞疾与成有渝两爻之义，好比人耽溺于逸乐而不能节制其饮食起居，是致死之道。如果一个人放纵欲望，无病会有病，病则一病不起。故常怀忧惕之心，虽常有病，能注意养生和施治就不会死亡，改变生活习惯，节饮食，慎起居，就领悟了生命的自然规律。

《黄帝内经》说："上古之人，其知道者，法于阴阳，和于术数。饮食有节，起居有常。动静有数，不妄作劳。度百岁乃去。"

随 第十七卦

震宫归魂卦

随 ䷐ 震下兑上 中爻艮巽　　【错】䷑ 蛊　　【综】䷑ 蛊

【题解】

《序卦传》说："豫必有随，故受之以随。"豫是悦豫之道，万物都喜欢追随，所以随卦放在豫卦后面。下卦震为动，为长男；上卦兑为悦，为少女。动而悦，少女从长男，是随从之意。又震为雷，兑为泽，雷动于泽中，泽随而动，随之象也。从卦变来看，乾之上，来居坤之下；坤之初爻，往居乾之上。阳来下于阴，阴必悦遂，为随之意。

下卦为震，震为阳、为动。上卦是兑，兑为阴、为悦。是阳卦处于阴卦之下。且上下卦都是阳爻居于阴爻之下，六十四卦中具备这种情况的只此一卦，为以刚下柔，屈己随人之象。我能克己以随人，必使人感动而随顺于我，这是卦名取义所在。

随：元亨，利贞，无咎。

【译文】

随卦大亨通，利于守持正道，没有过错。

《彖》曰：随，刚来而下柔，动而说。随，大亨，贞无咎，而天下随时。随时之义大矣哉！

【译文】

《彖辞》说：随卦，阳刚来而处于阴柔之下，健动而又喜悦，所以称为随。大行正道而亨通，不会有过咎。天下随时势而运行，随卦与时偕行的意义非常大啊！

《象》曰：泽中有雷，随。君子以向晦入宴息。

【译文】

《大象辞》说：雷蛰伏于泽中，是随时而息的卦象。君子取法于随天时作息的规律，向晚入室休息。

【观象会意】

虞翻说随卦是从否卦变来的："乾上来之坤初，故刚来而下柔，动震说兑也。"刚说的是震，柔说的是兑，震处兑下，是刚来下柔，震动而兑悦，既能下人，动则喜悦，所以物皆随从。天下随时，指天下万物随从于适宜的时机，即随其时节的意义。

程颐认为随的含义有三：一是君子之道，为众所随；二是"己随于人"；三是临事选择所随。随得其道，则可以大亨通。

随道的应用，程颐认为："凡人君之从善，臣下之奉命，学者之徙义，临事而从长，皆随也，随之道利在于贞正。随得其正，然后能大亨而无咎。失其正则有咎矣，岂能亨乎？"

《周易折中》说："以二体言之，震刚下兑柔；以卦画言之，刚爻下于柔爻，六十四卦中唯此一卦，此卦名为随之第一义也。其象则如以贵下贱，以多问于寡，乃尧舜所谓舍己从人者，其义最大，故其辞曰'元亨'。又曰'利贞无咎'者，明所随必得其正。卦义所主在以己随人，至于物来随己，则其效也。"

《大象辞》说"泽中有雷，随"，不说雷之动。《周易本义》以雷藏泽中来解释，深得象辞之旨义，大象辞取义在雷的伏藏之时也。君子观此象，不言动作，但说"宴息"，雷的伏藏在冬季，人的宴息在"向晦"，这也是各随其时的含义。君子与时偕行，时当向晦，入室安息以养其身，起居随时。雷声发于震之春，收声于兑之秋。由震而兑，雷藏泽中。日出东方之震，入于西方之兑，由震而兑，自明向晦，天地之随为昼夜，为寒暑，为古今。君子之随为动息，为语默，为行藏。

初九：官有渝，贞吉。出门交有功。

《象》曰：官有渝，从正吉也。出门交有功，不失也。

【译文】

初九，当官的有了变化，守正吉祥。出门交往，事业成功。

《小象辞》说：当官的有了变化，随从中正就吉祥。出门交往，事业成功，因为居正则不会失误。

【释辞】

渝：变化。

【观象会意】

震长子主器，有官之象。二互艮，有门象。二居中，初随二，得正为吉。

俞琰说："官，主守也，震以初为主。随六爻专取相比相随，不取应。初九不可舍六二之正，从九四则不正。"

按：阳为阴主，故称官，以阳随阴，以渝为随也。初九作为震主的阳爻，阴爻应该来随它，才是正常的，但初九处在随之时，不可以阳主自居，而应知权变，当随而随，这就是"官有渝"，出门交有功，与"出门同人"义相近，走出门去，与家门以外的人交。此爻言交而不说随，以初九是成卦之主，阳为阴主，不可随人，所以是"交"。《小象辞》说"不失也"，是不失其正的意思。

六二：系小子，失丈夫。

《象》曰：系小子，弗兼与也。

【译文】

六二：心系小子，失去丈夫。

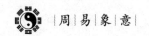

《小象辞》说：心系小子，失去丈夫，丈夫与小子二者不可兼得。

【观象会意】

小子，喻初九，初震为小子，二近初，故系小子；丈夫，喻九五。六二柔居下卦，本与九五相应，却就近附从初九，故有系小失大之象。

尚秉和说："四艮为丈夫，二为三所隔，不能承四，故失丈夫。"

李士鉁说："三阴皆称系，互艮为手，巽绳为系，初阳在下为小子，五阳在上为丈夫。"

六三：系丈夫，失小子。随有求得，利居贞。
《象》曰：系丈夫，志舍下也。

【译文】

六三，心系丈夫，失去小子。随时有求就会有所得，居身守正有利。
《小象辞》说：心系丈夫，是舍弃从下的选择。

【观象会意】

王弼说："舍初系四，四俱无应，亦欲己随，故随有求得，应非其正，何可以妄，故，利居贞。"

三近承阳，故上系丈夫。为二所阻，故下系失小子。《小象辞》说"志舍下也"，是指明以震为小子，艮为丈夫。艮又为求，阴承阳故有得。

李士鉁说："互巽为利市三倍，有得之象。承阳得正，故利居贞，不可诡随趋利。"

马其昶说："阴阳之情，近而相得。初以刚来下三二两柔，三于初非近也，义当上随九四。初随二，五随上，皆柔乘刚。惟三四之随，得承阳之义，是其贞也。"

三、四两爻均无正应，互比相亲，故三随四，有求必得，又告诫六三不可妄求，宜于安居守正。

九四：随有获，贞凶。有孚在道，以明，何咎。

《象》曰：随有获，其义凶也。有孚在道，明功也。

【译文】

九四，随人而获利，守此不变有凶险。心怀诚信，处正道，明辨是非就能避免过咎。

《小象辞》说：随人而获利，从道义上看是凶险。心怀诚信，能处正道，是明辨之功。

【观象会意】

王弼说："九四处说之初，下据二阴，三求系己，不距则获，故曰随有获也。居于臣地，履非其位，以擅其民，失于臣道，故曰贞凶。"

获指的是六三。马其昶说："三四异体，惧其不随，故此两爻皆明曰随，三求四，四获三，是随有获矣。阴阳相感为孚，孚三成艮。一阳上止而光明，止则不妄动，阳为主而阴相随之。其止也，其明也，得刚上柔下之道，亦有何咎？"

尚秉和说："下乘重阴得民，故有获。不当位，前遇敌，故贞凶。然下孚于众，光明正大，遵循正道，亦无咎也。艮为道，为光明。"

九四与初九构成一个山雷颐的互象，颐卦象为正反艮，正反震，震为大途，艮为道路，故曰在道，颐卦又有大离之象，离为明，故曰以明，所以《小象辞》说"有孚在道，明功也"。

九五：孚于嘉，吉。
《象》曰：孚于嘉吉，位正中也。

【译文】

九五，以诚信的心随顺嘉善者，吉祥。

《小象辞》说：以诚信去随顺嘉善而获吉祥，因为九五中正之德，体现了随卦的时义。

【观象会意】

来知德说："八卦正位兑在六，乃爻之嘉美者也。且上六归山，乃嘉遁

矣，故曰孚于嘉。九五阳刚中正，当随之时，义当随乎其六，故有孚嘉之象，
盖随之美者也，占者得此，吉可知矣。"

九五不言随而言孚，以其帝位也。中正而居尊，感物以诚，孚于上为孚于
嘉。上者国师之位，尚贤而天下随之，是嘉美的会合。

《程传》认为：自人君至于庶人，随道之吉，惟在随善而已，下应二之正
中，为随善之义。

上六：拘系之，乃从维之。王用亨于西山。
《象》曰：拘系之，上穷也。

【译文】

上六，拘禁起来，再用绳子捆起来。君王要在西山举行祭祀大典。

《小象辞》说：拘禁起来，加以捆绑，是因为处在极上穷困之位。

【观象会意】

伏艮为拘为山，兑为西，兑口故曰亨。王指的是九五，三至上正反巽，巽
为绳，故曰系，曰维。虞翻说："两系曰维"，正反两巽为维。卦以随为义，六
穷于上，无人可随，九五恐其高飞远遁，故拘系之、从维之。或就其隐居之处
而招待宴享之，是说六处极地无所随，而五必随之也。前人或以为指周文王之
事，并非确指。

虞翻说："王谓五也，兑为西，艮为山。"

李士鉁说："五艮手为拘，互巽绳为系，两系称维。"

【易学通感】

随卦六爻，一半是男人，一半是女人。从阳刚男子的角度说，则有所随而
无所系，如初九、九四、九五三阳爻，所以初九有渝，九四有获，九五孚于
嘉，都是有所随而无所系恋。从柔弱之女顺从阳刚立场说，处随之时，则不免
于有所牵系，如六二、六三、上六三阴爻。所以六二曰：系小子，失丈夫。六
三曰：系丈夫，失小子。上六曰：拘系之。都有自己特别系恋的人。这是说透
了两性关系中，男人往往随意追求女性，而女人的心却各有所系的情感差异。

以随卦用于政治：为政者要随天时，顺人民，随合时代潮流和人类社会发展方向。

以随卦用于社会：人际关系要相互随从，包括上随下，下随上，己随人，人随己，人际关系才能和谐。

蛊　第十八卦

巽宫归魂卦

蛊　☶ 巽下艮上　　　【错】☱ 随　　　【综】☳ 随
　　　中爻兑震

【题解】

《序卦传》："以喜随人者必有事，故受之以蛊，蛊者，事也。"随和而安逸则演变为腐败。其卦艮刚居上，巽柔居下，山下有风之象，闭息不通。风不通，则物腐生虫，所以蛊坏，又巽为臭，艮为覆碗，是藏臭物于覆碗之中。故腐败而生三虫，虫在皿中同类而食，有乱之义。朱熹说："言器中聚那青虫，教他自相并，总是败坏之意，故名此卦曰蛊。"《左传》："风落山，女惑男，以长女下于少男，乱其情也。"《杂卦传》："蛊，则饬也。"认为蛊卦的要义是整饬腐败，革除积弊等政治改革问题。

蛊：元亨，利涉大川。先甲三日，后甲三日。

【译文】

蛊卦象征革弊更新，大吉大利。利于涉越大江大河，须在甲日前三日的辛日和甲日后三日的丁日行动。

《彖》曰：蛊，刚上而柔下，巽而止，蛊。蛊元亨，而天下治也。利涉大川，往有事也。先甲三日，后甲三日，终则有始，天行也。

【译文】

《象辞》说：蛊卦，三阴爻都处在阳爻之下，是阳刚居上，阴柔处下，巽为顺，艮为止，在上者止于和乐不思进取，在下者唯唯诺诺，这是蛊的象征。革弊更新，大吉大利，天下由腐败复归于清明。利于克服大江大河般的险阻，是说革弊、更新应当历险犯难，一往无前，才能有所作为。甲前三日为辛（谐音更新的新）日，后三日为丁（谐音叮咛的叮）日，从辛到丁共七日，七是易卦爻数的循环周期，这是符合天道运行的规律的。

《象》曰：山下有风，蛊；君子以振民育德。

【译文】

《大象辞》说：山下刮起大风，就是蛊卦的象征。君子观此卦象，清除腐败，必振起民众，培育新的道德。

【释辞】

蛊：音古（gǔ），《说文》"腹中虫也"。引申为蛊害、蛊乱、蛊惑等义。

【观象会意】

蛊字形是器皿中盛的食物腐败生虫，借指出了事故，所以《序卦传》说："蛊者，事也。"

蛊，元亨。蛊为败坏，天下既然已经败坏了，又为何是大吉大利呢？因为天下的兴衰治乱是物极必反，穷则必变，乱极而治。所以蛊坏到了极点，是整治的开始，大吉大利，是说整饬腐败大吉大利。

二、三、四爻互兑，三、四、五爻互震，震木在兑泽之上，故曰利涉大川。

先甲三日，甲为十天干之首。甲、乙、丙、丁、戊、己、庚、辛、壬、癸。先甲三日指"辛"，谐音革新的"新"字，寓实施新政之日。后甲三日是"丁"，谐音叮咛的"叮"，即实行新政后要反复告诫。

来知德《周易集注》说："刚上而柔下者，蛊综随，随初震之刚上而为艮，上六兑之柔下而为巽也。"阳刚奔向最高的位置，高高在上，不关心普通民众的疾苦，阴柔降到底层，民情难以和上面沟通，艮止就懒惰，这些都是导致腐败的因素，所以卦名叫蛊。元亨，说的是乱到了极致得到治理。《说卦传》"成言乎艮"是天体运行之终，"齐乎巽"是天体运行之始，天体循环，终则有始也，如白昼之终是夜晚的开始，夜晚的终结又是白昼的开始。天下蛊乱的终极，是改革整饬的开始。治乱相更替，是天道运行的自然规律。

《大象辞》从整饬腐败来立意，山下刮起大风，是摧枯拉朽之象，大风吹落残枝败叶，有一扫积弊而更新之意。振民者，振奋民气，鼓舞人心，使人心道德趋于社会公平与正义，使民心向善，而决非巽木之柔弱，随风摇摆者也。育德者，培育高尚的道德观念。社会风气蛊坏，是由于世风不振，导致民德不育。而民德不育全在于上艮为止，没有作为，所以拯救时弊的重点在于振奋民气，而振起民气又重在培育全民的道德情操。

> 初六：干父之蛊，有子，考无咎，厉终吉。
> 《象》曰：干父之蛊，意承考也。

【译文】

初六，纠正父辈的积弊，儿子能挽救前辈败坏的事业，父亲就可免受咎责。清除积弊即使危险，但最终必获吉祥。

《小象辞》说：纠正父辈的积弊，儿子的意愿是继承父辈的基业。

【释辞】

干：干犯，干犯错误，就是匡正。

考：父死曰考。

【观象会意】

初六虽然不当位，然而上承重阳，与上合志，所以吉祥。

《焦氏易林》以震巽为父母，《汉上易传》以复姤为小父母，复姤乃震巽之象。初伏震，故曰父，曰子。干，纠正。干父之蛊，纠正父亲的腐败。

李光地说："天下蛊坏，非得善继之子，不足以振起之。"

李士钤说："父有争子，则不陷于不义，故考无咎。"

按：蛊卦，艮止于上，好比父辈阻挠整治腐败而处尊于上。巽顺于下，好比子道劬劳而顺于下，所以蛊卦多言干父之事。干是树木的主干。蛊卦中爻互震，下卦巽木，有干之象，树木有主干，才能有枝叶附其间。人有才能，方能挽救堕落的家声。初六当蛊之时，才柔而志刚，故有干父之蛊之象。因儿子的整饬腐败新政，可以掩盖前辈的政治蛊乱积弊，因此父辈亦可以无咎了。

九二：干母之蛊，不可贞。
《象》曰：干母之蛊，得中道也。

【译文】

九二，纠正母辈的积弊，当形势难行时，要守持正道以待时机。

《小象辞》说：纠正母辈的积弊，要符合中庸之道。

【观象会意】

九二当蛊之时，上应六五，六五阴柔，故有干母之象，然九二刚中，以刚乘柔，恐其过于直，故戒占者不可固守刚直之道，应当用委曲求顺的方法以干母辈之蛊是可以的。

《程传》说："不可贞，谓不可贞固尽其刚直之道，如是乃中道也。"

九二处巽体而得中，是能巽顺而得中道的，合不可贞之义，得干母蛊之道。

苏轼说："阴之为性，安无事而恶有为，是以为蛊之深，而干之尤难者。正之则伤爱，不正则伤义，以是为之难也。"

按：《易》没有不要求贞的，唯独此爻言不可贞，即不可固执己见，要委曲求全。同是干蛊，于父母则有区别，可知整饬腐败应当顺从不同的对象和时势，采用适宜的方法，因势利导，才能收效。蛊卦各爻都言子干父母之蛊，如像是在谈家政，但从禹传启、家天下以后，中国进入了君主世袭社会，家事也就成了国事，因为在世袭社会中，只有儿子才能继承父母的政权。

九三：干父之蛊，小有悔，无大咎。
《象》曰：干父之蛊，终无咎也。

145

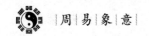

【译文】

九三，果断地纠正父辈的积弊，虽小有懊悔，但不会有大的过错。

《小象辞》说：果断地纠正父辈的积弊，终无过咎。

【观象会意】

九三与上九敌应。上九阳居阴位，所处不当，是父辈的腐败。九三重刚，干犯父辈的腐败刚而不中，是阳刚过甚，难免在举措之间操之过急，故有小悔。然而九三在巽体之上，巽为顺。故虽然刚直却不失其顺，所以是无大咎。九三以改革的中坚力量，自己要匡正时弊，整饬腐败，而在最上层得不到支持响应。虽然一心为公，但也会导致小有悔恨的结果。

六四：裕父之蛊，往见吝。

《象》曰：裕父之蛊，往未得也。

【译文】

六四，宽缓地纠正父辈的积弊，往前发展必然造成悔恨。

《小象辞》说：宽缓地纠正父辈的积弊，往前发展未有所得。

【释辞】

裕：宽裕。

【观象会意】

六四以阴居阴，柔弱之至。又当艮止，不能有所作为，是因循保守之象，故曰裕蛊。如此则蛊败日深，所以往则见吝，告诫占者不可如此。六四与下三爻组成正反巽，巽为进退，为不果，为狐疑。如果照样因循下去，对前辈的腐败积弊容忍，任其发展，必然不会有好的结果，所以《小象辞》说"往未得也"。

刘沅说："强以立事为干，怠而委事曰裕，正相反也。六四以阴居阴，不能有为，怠缓则蛊日深，未得遂其治蛊之意，盖惜其才不足也。"

六五：干父之蛊，用誉。

《象》曰：干父用誉，承以德也。

【译文】

六五，以中和之道纠正父辈的积弊，用赞誉父辈的方法来治蛊。

《小象辞》说：纠正父辈的积弊，用赞誉的方法治蛊，是继承前朝的道统。

【观象会意】

刘沅说："六五以柔居刚，又能得中，其干蛊也善继善述，引咎而归美于亲，不彰其父之失，而人因子以颂其父，故为用誉，此干蛊之最善者也。"

朱震说："干父之蛊，用誉也。以德承父，下之服从者众，以是去蛊，用力不劳，则干父之蛊，莫善于用誉矣。蛊之患非一世，譬如人嗜酒色，饵金石，传气于子孙者，溃为痈疽，死与不死，在治之如何耳。秦皇、汉武穷兵黩武，一也。秦亡而汉存者，始皇无子而武帝有子以干之也。必曰'承以德'者誉，谓德誉非虚誉也。"

按：作为君临天下的社稷之主，要为自己带来声誉，就要纠正父辈执政时的积弊，但是这样一来，父辈的形象坏了，自己的脸上也没面子。《孝经》说："立身扬名以显父母，孝之终也。"最好的方法莫过于不彰显父母的过失，而是用称赞的方法来颂扬父辈的道统和德政：成就是主要的，腐败是次要的，纠正腐败是发扬父辈的优良传统。这是执政的艺术，也是社会改革的稳妥方案。

上九：不事王侯，高尚其事。

《象》曰：不事王侯，志可则也。

【译文】

上九，不事奉王侯，独善其身，追求精神上的高尚境界。

《小象辞》说：不事奉王侯，君子的志向可以视为天体的法则。

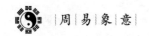

【观象会意】

李士鉁说："王指五，侯指三。上乘五而不下，又与三两刚不相应，且在位外而体艮止，故不事王侯。"

尚秉和说："三震为王、为诸侯。上不应之，故曰不事王侯，言不事王侯之事也。高居物表，逍遥物外，故曰高尚其事。"

刘沅说："巽为高，艮为山，上在艮上，故象高尚。"

"不事王侯，高尚其事"与《春秋》微言大义有关，《小象辞》称"志可则"，此则即天的法则。《文言》："乾元用九，乃见天则。"群龙无首天下治，正是"蛊元亨而天下治"，打破少数人政权的垄断，让全民都参与监督与治理。《史记·太史公序》称孔子作《春秋》立大义"贬天子，退诸侯，讨大夫"，依据真理，打倒一切特权阶级，正是《春秋》之志，天下为公的自然法则。蛊卦上九不事王侯，高尚其事，全合春秋大义。

《礼记·儒行篇》称儒者"不臣天子，不事诸侯"。真儒的风范是"不事王侯，高尚其事"。

【易学通感】

有的政权之所以腐败，是因为在官僚集团中溜须拍马、谋求升官发财的人多，而为民请命、夙夜为公的人少了。

上九居蛊卦之终，治蛊道穷。上九以阳刚之德，不比于六五阴柔之君，不应于九三治蛊之能臣，对政权内部治蛊又抱有期望，故曰不事王侯，超然物外，以高洁自守。孔子称赞上九的志向可以效法，是晚年的孔子在到处碰壁之后，对政治的污浊有了更深的认识，所以他说："道不行，乘桴浮于海。"连孔夫子自己都想移民海外，所以他称赞上九"志可则也"。

《大象辞》说"山下有风，蛊；君子以振民育德"的治蛊之道，是晚年孔子对世袭王朝家天下"干父之蛊"的批判和否定。振民育德的治蛊之道与《大学》开篇的"大学之道，在明明德，在亲民"，思想完全一致，整饬政权的腐败，应当唤起全民的参与，只有全民族道德的提高和思想觉醒，才能监督并参与整治腐败的顺利进行。

临 第十九卦

坤宫二世卦

临 ䷒ 兑下坤上
中爻震坤　　【错】䷠ 遁　　【综】䷓ 观

【题解】

《序卦传》说："蛊者，事也。有事而后可大，故受之以临。临者，大也。"可做大的事业都是由内部出事之后而产生的。临卦二阳爻从下面生长而逐渐壮大，所以称作临。其卦象为泽上有地，湖泽上的土地称作堤岸，与水相临际，又高于泽水，所以临有临近、临下之义。临卦运用于社会政治有临民、临事，有以上临下之义。主要讲统治者如何临民。从卦象上看，阳刚本应居上，却降在四柔之下，阳居下便于向上升腾，大有发展，所以《序卦传》说："临者，大也。"

但本卦要义不是宣扬君临天下、监管万民，而是强调以君亲民，以阳下阴，深入下层，只有这样才能"大亨以正""保民无疆"。

临：元亨，利贞。至于八月有凶。

【译文】

临卦，大亨通，利于守正，过了八个月有凶险。

《彖》曰：临，刚浸而长。说而顺，刚中而应，大亨以正，天之道也。至于八月有凶，消不久也。

【译文】

《彖辞》说：临卦，阳气逐渐生长，喜悦而柔顺，阳刚居中位又有感应，正大而亨通，符合天道的运行，过了八个月有凶险，因为阳气消退的日子不久就会来临。

《象》曰：泽上有地，临；君子以教思无穷，容保民无疆。

【译文】

《大象辞》说：湖泽上面有大地，是临卦之象。君子从临卦中得到启示，以无穷的思虑教导百姓，以无边的胸怀去保护民众。

【释辞】

浸：渐。

临：卦义，以上临下，莅临、监临等。

【观象会意】

临字写作臨，从人从臣从品，人以君上为尊，臣者是臣与民的统称，品者，以品类来区别，说的是人君临御天下，统率臣民，区别不同的品类，贤与不肖分别使用。临在十二消息卦中，代表十二月。十一月是复卦一阳初生，至十二月阳气渐长，二阳居下，临迫阴气，其势逼人，所以命名为临。主爻九二在下体居中，代表向上的主力，与上体六五相应，因此具备元亨利贞四德。

"至于八月有凶"，据尚秉和考证：月卦始子复，至未遁整八月，并援举《易林·恒之临》："神之在丑，破逆为咎。不利西南，商人休止。"临辟丑，震为神，故曰神之在丑。乃行至未而破丑，故曰破逆为咎。按：丑未冲为月破。遁卦六月建未，正逢未冲丑，是月逢六冲，为月破，所以有凶。

"八月"是自一阳生复卦，即建子十一月算起，至阴生的遁卦建未之月六月止，经历八个月，是从十一月起的第八个月，不是八月份的意思。至于八月有凶，也就是至于遁有凶，因为遁卦与临卦正反相对，临是二阳生，是二阳方长盛大之时，有元亨之义，至于遁时，阴长阳消，二阳生变为二阴生，所以有凶。一说：八月是月份上的八月。十二候卦中属观卦，与临卦互为综卦，阴盛阳衰，二阳方长变为二阳消。两说皆可通。

临卦二阳生下，由一阳复始代表的社会公平正义的阳刚力量，如水之浸物，渐渐地渗透，发展壮大。下卦为人民，民情愉悦，畅所欲言。上卦为政府，顺从民意，包容不同意见，九二以阳刚居中而与六五最高领导者阴阳相感应，所以大为亨通而且符合正道，因为体现了天道的发展规律，八个月后有凶险，因为阴阳力量有消长，阳气消退的日子不久就会来临。

临卦的卦象是泽上有地，大地自然形成了湖岸，容纳无限之水。体现了临卦阳长而阴气和悦顺从的卦义。君子观察此象，知此卦义，因而深入临近社会，教导他们善于思考无尽无休，像大泽容水一样，容纳保护民众而无止境。这是以水与地（岸）的涵容解释卦义。孔子对临卦泽上有堤岸有深刻理解，土像统治者，水像人民。土与水总是相浸渍而亲密无间，统治者应该亲民，亲民也就是要"教思无穷，容保民无疆"。事实上大地是宽厚的，它总是以自己宽厚的胸怀，给予弱水以广大居处，使水成为受包容受润泽的大泽。统治者对待人民应当像地之临泽，包容润泽水而使其成为江湖，对人民"教思无穷"，考虑深远，无有穷尽，在保民问题上，大度包容，对人民无所不容，无所不保，无有界限，无有止境。这就是大地文化"厚德载物"的博大胸襟。

初九：咸临，贞吉。
《象》曰：咸临贞吉，志行正也。

【译文】

初九，以自然的感应而临近，坚守正道吉祥。

《小象辞》说：以自然的感应而临近，守正吉祥，是因为初九志正行正。

【观象会意】

咸，感也，无心之感曰咸。初二两爻皆有感应，故皆曰咸临，坤为志，应在坤，皆当位，故曰志行正。

刘沅说："初九以阳刚之才，感之以正，而人心悦从，故吉。阳健故曰行，互震亦为行。"马其昶说："二阳浸长，皆云咸临。咸者，乾元之气，所以为亨而感通者也。"

初九与六四阴阳相应，代表阳气依时、依自然之势开始发动，不是以权势相逼，而是出于无心，使六四受感应而临近。初九阳位得正，所以守贞正而得吉。

> 九二：咸临，吉，无不利。
> 《象》曰：咸临，吉，无不利，未顺命也。

【译文】

九二：以自然的感应而临近，吉祥，没有什么不利。

《小象辞》说：以自然的感应而临近，吉祥，没有什么不利，是说九二没有完全顺从君命。

【观象会意】

九二以刚中之德感应六五，动而正，是"吉，无不利"。九二爻变，成为地雷复卦。复为天地之心，代表生生不息的生命力。从互象看，二至五爻，三至上爻又构成复卦。复者，阳气来复也。临卦初九和九二爻辞都是"咸临"，就是两个刚爻一起来临。所以是"吉，无不利"。《小象辞》说"未顺命也"，是阴爻仍然占据多数，九二要等待时机到来。二至四爻伏象巽，巽为命。坤为顺。

"未顺命也"，从天体运行规律来看，如《周易折中》所说："君子道长，天之命也，然命不于常，故象言八月有凶，而传言消不久。君子处此惟知持盈若虚，所谓大亨以正天之道者，则顺道而非顺命矣。"

按：虽然当下是阳气渐长之势正旺，母子相感，但易道无平不陂，阳消之日不久就会到来，君子宜早加戒备。《象辞》揭示出了卦爻的时效性。

> 六三：甘临，无攸利。既忧之，无咎。
> 《象》曰：甘临，位不当也。既忧之，咎不长也。

【译文】

六三，靠甜言蜜语而获得临近，无所利益，如果知道忧惧而改之，没有过咎。

《小象辞》说：靠甜言蜜语临近而无所获利，是因为六三不中不正。知道忧惧而改之，有过错也不会很长。

【观象会意】

三居下卦之上，是莅临人上的人。但六三有临下之位，却无临下之德。因为阴柔不正，凭口舌取悦于人，所以"无攸利"。子曰："巧言令色，鲜矣仁。"说的就是这种人。"既忧之，无咎。"是心有忧惧而能改过从善，弥补昨日之非，则可无咎。

　　六四：至临，无咎。
　　《象》曰：至临无咎，位当也。

【译文】

六四，亲近地临近民众，没有咎害。

《小象辞》说：亲近地临近民众，没有咎害，因为六四居位正当。

【观象会意】

四居正位，临近君位，下应刚阳之初，又切近下体，犹如十分亲近地临于众人，所以无咎。

《程传》："四居上之下，与下体相比，是切临于下，临之至也。临道尚近，故以比为至。"

按：占卜行人遇此爻，则必归无疑。尚秉和筮人至归娶，遇归妹之临卦，四爻动，爻辞云："归妹愆期，迟归有时。"乍观之，似不得归也，然变卦临，临者到也。四爻辞云："至临，无咎。"又似能归也，疑不能决。乃至十八日，火车又通，竞得归娶，乃悟爻辞云"愆期者"愆原定归期，不过稍迟耳，及之卦爻辞，临无咎也。当时以词太显著，未及察象，后观归妹之象，外震内兑，震为长男，兑为少女，男外女内，必娶之象，因是益知察象愈于取辞矣。

　　六五：知临，大君之宜，吉。
　　《象》曰：大君之宜，行中之谓也。

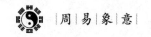

【译文】

六五，知人善任，治理民众，得君王之体，吉利。

《小象辞》说：六五得君王之体，是说得施行中庸之道。

【释辞】

知：同智，知人善任谓之智。

宜：适当，恰当。

【观象会意】

六五之君以柔居中，以一人之身，君临天下之大，如果仅靠自己的聪明才智，即谋由己出，恰恰是不智，只有择取普天下明智之士，来担任天下之事，天下方能有治。六五具柔中虚怀之德，居至尊之位，下应九二之能臣，知其贤而任之，二五俱得中道。《小象辞》所说"行中之谓也"，说的是六五以虚中之德，任刚中之贤，以中庸之道而行，此之谓"知临，大君之宜，吉"。

上六：敦临，吉，无咎。

《象》曰：敦临之吉，志在内也。

【译文】

上六，以敦厚之德临近民众，吉祥，没有咎害。

《小象辞》说：以敦厚之德临近民众吉祥，说明上六的心志系于国内百姓。

【观象会意】

敦有二说：一说敦厚以临下。上六与六三不同，六三处下体兑卦之上，兑终而悦，有小人之象，所以叫甘临。上六居上体坤卦之极，坤土之极为厚，有君子敦厚之象，所以叫敦临。二说敦义同"顿"，有等待之义。上六居临之极，欲应阳刚，却与九二不相应，但临之时刚浸而长，等阳气上升至三爻，六三即变成九三。上六只要稍加等待即可应于三，因此叫"敦临"。即展望未来，等候可以临近者，预测未来以说吉凶，这是周易的特点。《小象辞》所说的"志在内",内指的是三。

【易学通感】

临卦接着蛊卦,在腐败混乱之后,如何调整关系,争取较大的发展,解决这个问题,关键在于领导。临卦的要义在于阐述一种领导原则和方法。临,本义是居高临下,进行统治和监督。但本卦不是鼓吹监临,而是强调以君亲民,深入下层。在卦爻上是以阳下阴,阳刚到了下面,随后会上升,这是顺天理,合天道的。既合天道,阴爻的群众也会顺从必然之势接受领导,协同行动,这样调整关系当然大亨以正,保民无疆。领导者要把江山治理好,既要有高尚的人格,聪明的智慧,顺应潮流,知人善任,刚柔相济,还要深谋远虑,善于等待。

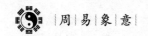

观　第二十卦

乾宫四世卦

观 坤下巽上
中爻坤艮　　【错】 大壮　　【综】 临

【题解】

观卦是临卦的综卦。观古写作觀，从雚，从见。雚，即鹳，水禽中的白鹳、黑鹳。《说文》："观，谛视也。"是指仔细观察事物的真谛，故鹳之本义是鸟飞高空，俯瞰大地的一切，目光犀利，洞察入微。观卦序于临卦之后，《序卦传》说："临者，大也。物大然后可观，故受之以观。"说的是统治者做出了成就，让下面百姓看的，这是观卦的第一层含义，即自上示下，上面做出样子给下边看。

《杂卦传》说："临观之义，或与或求。"杂卦把观卦解释为求取，即观卦的第二层含义：以下观上，对上有所企求。六爻辞的取义都是自下观上，百姓观望上面如何动作。观卦又有外观和内观之义，内观是内心观察省悟自己心性，爻辞中的"观我生""观其生"，都有反观之义。

观卦用于政治，则是统治者上顺天道，下观民情，努力修德廉政，树立榜样，以供百姓观摩。

观：盥而不荐，有孚颙若。

【译文】

观卦，在祭祀前洗净了手，还未进献祭品，就满怀诚信，表现出严肃虔诚的神情。

《彖》曰：大观在上，顺而巽，中正以观天下。观盥而不荐，有孚颙若，下观而化也。观天之神道，而四时不忒。圣人以神道设教，而天下服矣。

【译文】

《彖辞》说：阳刚在上，譬如君王在上，展示德行，供臣民观仰，居下者有柔顺谦逊的品德。九五爻刚中得正，以中正之德观于天下，是观卦的卦义。刚洗过手还未奉献祭品，就满怀诚信，表现出严肃虔诚的神态，是指下面看到盛德就被感化。看到四季运行井然有序，就能观察到上天神秘的法则。圣人效法大自然的神妙规律制定教化万民的文化体系，天下万民就能顺服。

《象》曰：风行地上，观；先王以省方观民设教。

【译文】

《大象辞》说：和风吹拂大地万物，是观卦卦象。先代君王观此卦象，因此巡查万方，观察民情风俗，推行教化。

【释辞】

盥：音贯（guàn），《说文》："澡手也。"祭祀前用礼器浇水洗手。

荐：祭祀时奉献祭品。

颙：音嵱（yóng），严肃诚恳的样子。

若：语助词。

省：视察。

方：方域。

设教：推行教化。

【观象会意】

观卦巽风行于地上，有周游历览之象。又观卦有大艮之象，艮为门阙，为观，取其为人所瞻仰、观望之义。

黄宗羲："震为雷，八月雷始收声，则非震之时矣，故曰'有凶'。艮为鬼

157

门，又为宫阙。地上有木而为鬼门宫阙者，天子宗庙之象，故有'盥荐'之事。"

以中正之德示于人，所以名观。观者，以象示人，为人所瞻仰也。坤顺乎内，巽顺乎外，有风行草偃之象。九五中正，居尊以为表率，为天下所瞻仰，天下之观莫大乎此。观卦内坤顺外巽顺，深藏其中正之德，以此为榜样，则修己以敬，修己以安百姓。有孚者，是积诚信于内心。颙若者，是虔诚肃穆于外表，君上有此盛德，天下万民自然被感召。

李士鉁说："巽为命令，坤为民。命令所布，众民仰之，观之象也。示人者莫大乎礼，礼莫重乎祭。坤为牛，故称荐，巽为不果，又遇艮止，故不荐。盥之后，未荐之前，当积诚以通王，感神人而孚上下，故有孚颙若。"

天之神道是自然的神妙法则：四时不忒，是一年四季运行没有差错。此神乃变化之神妙，不是鬼神之神。子曰："天何言哉？四时行焉。"这就是天之神道，以其神道设教，是以神妙的自然法则，示不言之教来感化人民，而不是靠严刑峻法来威慑人民。

王弼说："观之为道，不以刑制使物，而以观感化物者也。神则无形者也，不见天之使四时，而四时不忒，不见圣人使百姓，而百姓自服也。"

神道设教是解决精神信仰的问题，世界之各民族概莫能外，西方之基督教、阿拉伯之伊斯兰教、亚洲之佛教和儒教，除儒教之外都属于神道设教，中国特色社会主义，除信奉马克思主义，再融入中华优秀传统文化，解决了中国社会的神道设教问题。神道设教说到底是确立价值观问题。

巽为风，坤为地，风吹拂大地，形象地体现了观卦之义。观民，考察民风民情。

程颐说："风行地上，周及庶物，为游历周览之象。观民设教，如奢则约之以俭，俭则示之以礼。省方，观民也；设教，为民观也。"

初六：童观，小人无咎，君子吝。
《象》曰：初六童观，小人道也。

【译文】

初六，像儿童一样看问题，对普通百姓来讲没有过错。但对于君子来说，将有憾惜。

《小象辞》说：初六像儿童一样看问题，这是小人物的观察之道。

【观象会意】

刘沅说："卦以观示为义，九五为主也。爻以观瞻为义，皆观九五也。"

初阳位为童，阴柔居下，距九五最远，看不清楚，犹如儿童，蒙昧无知，所以叫童观。普通百姓见识浅薄，不懂政治，看不清楚九五的为观之道，是正常的事。如果君子（读书人）和普通百姓一样幼稚地看问题，看不清楚上面的意图，那就值得鄙吝了。

人生阶段不同，生命的领悟不同，人生观由小而大，在生活中循序渐进。小人以自我为中心，君子以天下为中心。庄子有井底之蛙的比喻，人生的见识不要局限在井蛙的视野里，不要是永远长不大的孩子。

六二：窥观，利女贞。
《象》曰：窥观女贞，亦可丑也。

【译文】

六二，从门缝里向外偷看，利于女子的贞正顺从。

《小象辞》说：从门缝里向外偷看，利于女子守正，对君子来说就可羞了。

【观象会意】

刘沅说："窥，窥伺。互艮门象，坤有阖户之义。闭门而观，曰窥观。"

二应五，艮为门，上窥九五，而坤为闭为羞，故羞缩不敢正视而窥观也。窥观是妾妇之行，故利女子占卜，若在丈夫，则是羞耻的行为。六二与九五正应，应当观于九五，但六二阴柔暗弱，见识不广，九五的示观之道，它是看不太明白的，有如从门缝往外看，虽然能看到一些，却不能全看明白，因而见识不全面，犹如"妇人之见"。女子当然没问题，如果是大丈夫有这样的见识，那就可丑了。

从门缝里向外窥视，世界因而变得狭窄，片面观察所下的结论，不切实际。人生的情感执着也是这样，所谓情人眼里出西施也。容易犯盲人摸象的

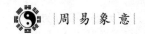

错误。

六三：观我生，进退。
《象》曰：观我生进退，未失道也。

【译文】

六三，观察省视自己的行为，以决定进退。

《小象辞》说：观察省视自己的行为，以决定进退，说明它未违失常道。

【观象会意】

下四爻都是观看九五，六三观九五，中间隔着六四，四已经观国之光了，三只有观我生而已。六三之观，居上下之间，既有观人，也有观己。观我生，即省视我的一生所作所为，是否合乎君上要求，以决定进退。我生者，我之正应也，即观上九也。巽为进退、为不果。巽有进退之象，故曰：观我生进退。

生命属于我自己，我和我自己在一起，我的所作所为，我的生命因缘，生命成长的应对进退，一切都不偶然，生命需要"反求诸己"，收放其心，体现自己的"良知"与"良能"。

六四：观国之光，利用宾于王。
《象》曰：观国之光，尚宾也。

【译文】

六四，观仰国家政绩的辉煌，利于成为朝廷的贵宾。

《小象辞》说：观仰国家政绩的辉煌，是崇尚贤能之士。

【观象会意】

《左传》："坤，土也。巽，风也。乾，天也。风为天于土上，山也。有山之材而照之以天光，于是乎居土上，故曰观国之光。"

王弼说："居观之时，最近至尊，观国之光者也。"

按：光者，九五君主德政的光辉。下卦坤土，国之象。中爻艮，光辉之象。四承五，有宾王之象，观国之光，四阴爻唯有六四最接近九五而且得正，所以能看明白。宾者，凡指在朝廷做官或未做官的，朝觐于君，都以贵宾来招待，显示出朝廷"尚贤"德政。

天地万物阴阳相合者，物与物的相生相克，生死相依。"利用宾于王"是人生的基本对应关系。宾者，客也；王者，主也。人生做客还是做主，虽然我们都是宇宙的过客，但是人生不能永远做看客，要尝试反客为主的体验，做一回主人，找回你自己。

九五：观我生，君子无咎。
《象》曰：观我生，观民也。

【译文】
九五，观察省视自己的行为是否得当，君子没有过失。
《小象辞》说：观察省视自己的行为是否得当，是观看民心的向背啊。

【观象会意】
来知德说："九五上九生字，亦如六三生字，皆我相生之阴阳也。观我生作句，上九相同，观孔子小象可见矣。观我生者，观示乎我所生之四阴也。即中正以观天下也。君子无咎，对初爻小人无咎。言下四阴爻皆小人。上二阳爻皆君子。小人当仰观乎上，故无咎。君子当观示乎下，故无咎。九五为观之主，阳刚中正，以居尊位，下之四阴皆其所观示者也，故有观我生之象，大观在上，君子无咎之道也。"

按：观我生是反观自己的政治生涯。九五是观卦之主，作为阳刚中正之君，他反观自己，就是观民。他反观自己的施政教化，对天下万民所造成的结果，所以作为政治家，他欲观己，必先观民，观察民心之向背。如果人民安居乐业，民风淳正，那么反映出九五作为阳刚之君所行的是君子之道，以德化天下，当然没有过咎。如果民不聊生，怨声载道，社会风气败坏，那么他就是世人皆欲诛之的独夫民贼了。

人生之大我，是"为天地立心，为生民立命，为往圣继绝学，为万世开太平"。此人生自我价值的实现更高的层次是超越自我，就永远不会局限于个人，九五的观我生，犹如《心经》的"观自在菩萨，行深般若波罗密多时，照见五蕴皆空，度一切苦厄"，这就是观世音，只有内圣方能外王。

> 上九：观其生，君子无咎。
> 《象》曰：观其生，志未平也。

【译文】

上九，观察自己的生平所为，君子没有过错。

《小象辞》说：观察自己的生平所为，心志未平。

【观象会意】

上九阳刚在上，亦为下四阴所观，所以警诫之词与九五相同，但上九不在其位，不任其事，没有观示之职责，所以不说"观我生"，而说"观其生"，以避九五之君。

按：上九是一卦之极，用于人生是退休之位，观其生，是观谁，如果是普通老百姓，当然是反观自己的一生，退休反观一生之不得志，也只是"飒飒秋风似涛声，抚观此生志难平"。但观卦说的是家国天下，"大观在上"，用于政治，上九是太上皇之位，那么太上皇"观其生"，"其"指代的是谁？一说，其是指百姓，其依据是"上应在三，三坤体。上贵而无位，高而无民，宜高尚其事矣，乃犹不忘情，欲应三而观其生焉"。上九既已退出政坛，天下的事就不必由你来操心了。一说，"其"指的是"九五"，上九在九五之上，阳气向反面转化，其命运系于九五，九五存则上九可保，九五不存则上九难以久存，所以上九要观九五的德政说教，此其一；其二，居于太上皇之位的上九，人还在，心不死，欲以师道左右九五，故观九五之动作如何，以施加其影响，《小象辞》说的"志未平也"，系指上九于政之志未平，可谓一语中的。

【易学通感】

观卦是要求自己树立榜样，行不言之教，以自身的诚信正直、反身求己和礼贤下士，使民心受感召而悦服，体现了儒家思想观民心、行德政的理想，有一定的现实意义。孔子发掘的观卦意蕴是"圣人以神道设教，而天下服矣"。

任何一个政权的维系，都要解决人民的精神信仰问题，在《周易》和孔子看来，神不是人格化的上帝，神是什么？"蓍之德圆而神"，"阴阳不测之谓神"，"天之神道，而四时不忒"，因此，易学文化中的神，就是宇宙运动发展变化的规律。

观卦六爻境界逐渐提升，由幼稚儿童的蒙昧之见，到闺中妇女的狭隘片面，进而反观内省，再历经行万里路，观国之光的历练，转小我为大我的宏观天下，人生随缘而观照，人生事事因缘而生，当下即是顿悟即知。

《金刚经》说："过去心不可得，现在心不可得，未来心不可得。"禅宗六祖慧能之读《金刚经》而开悟"应无所往而生其心"，他在相应的生活中，终于知道自己的本来面目，生命属于自我，生命的自我很特殊，融入生活，返归自我。

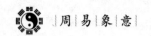

噬嗑 第二十一卦

巽宫五世卦

噬嗑 ䷔ 震下离上 中爻艮坎 【错】䷯ 井 【综】䷕ 贲

【题解】

《序卦传》说："可观而后有所合，故受之以噬嗑。嗑者，合也。"意思是说，统治者施行的德政教化可观了，人心民意就可以和政权相合了，所以在观卦后，接着是噬嗑卦。《杂卦传》说："噬嗑，食也"。噬，是以牙齿咬物；嗑，合齿咀嚼。《序卦传》解释的是"嗑"，《杂卦传》解释的是"噬"。合而观之。噬嗑卦以咬掉口中梗阻之物便能和合为喻，阐发政治上运用刑法的意义。下卦为雷，具有威慑和刚力，上卦为离，为光明，能明察真伪，不会导致冤狱，适于执掌刑罚。

噬嗑：亨，利用狱。

【译文】

噬嗑卦象征咬合，亨通，利于听讼治狱。

《彖》曰：颐中有物，曰噬嗑。噬嗑而亨，刚柔分，动而明，雷电合而章。柔得中而上行，虽不当位，利用狱也。

【译文】

《彖辞》说：口中有食物，可以咬合，咬合后亨通无阻。譬如刚柔判然划分，动而光明。电闪雷鸣交织，具有强大的震慑力量和光照效应。柔顺地上进具有中正之德，尽管阴爻所处阳位不当，但办案理冤需要刚柔兼济，所以利于听讼治狱。

《象》曰：雷电，噬嗑；先王以明罚敕法。

【译文】

《大象辞》说：雷电交加是噬嗑的卦象。先王观此卦象，取法于雷的震慑力量和闪电的光明效应，从而明察刑罚，端正法律。

【释辞】

噬嗑：音是合（shì hé）。噬：啮，咬。嗑：合口咀嚼。噬嗑，卦名。卦义，咀嚼食物。引申为咬掉清除梗阻，使之相合。

雷电：《本义》当作电雷。《石经》作"电雷"。六十四卦大象辞没有倒置者。

明：用如动词。

明罚：是事先将犯什么律定什么罪，用法律条文规定下来，明确告诉民众，使民众有所规避，不至于触犯刑律。

敕：音斥（chì），正也。

【观象会意】

噬，啮也；嗑，合也。颐中有物间隔。必啮而后合。上下两阳而中虚为颐之象。以初、上二阳为两唇，二、三、四、五为牙齿，颐有啮之象，所以颐卦辞说："观颐，自求口实。"噬嗑卦，九四一刚，梗于其间，很像嘴里梗塞着个东西，使嘴合不上，若要合上嘴，必须咬才能合，所以叫噬嗑。

《杂卦传》说："噬嗑，食也"。凡食下咽则口合，有物梗之则口不合，不合则不通，合则亨通矣，所以说"噬嗑，亨"。"刚柔分，动而明，雷电而合章"，说的是震刚离柔分居内外卦，内刚以喻牙齿，外柔以喻辅颊，动而明震动离明，雷电合章说的是断狱，必以雷动之威慑，离电之光明昭彰，明察秋毫，方可不致冤狱。"柔得中而上行，虽不当位，利用狱也。"指否卦的初六阴爻上升到上卦的中位，变为噬嗑卦。《程传》说："六五以柔居中，为用柔得中之意，上行，谓居尊位，虽不当位，谓以柔居五不当，而利于用狱者，治狱之道，全刚则伤于严暴，过柔则失于宽纵，五为用狱之主，以柔处刚而得中，得用狱之宜也。"

先王从雷电的启示中悟到要彰明刑罚，端正法律，雷有赫赫之威，具震慑威力，电有烨烨之明，有照邪难逃的作用，象征国家法网恢恢，妖邪难逃，故先王则之，明罚敕法，以示万物。

明罚与敕法都是强调统治者在刑罚问题上要把注意力放在事先防范上，而不是放在事后的惩治上，反映了孔子的法制思想。

初九：屦校灭趾，无咎。
《象》曰：屦校灭趾，不行也。

【译文】

初九，脚上拖着刑具，遮盖了脚趾，没有大的灾难。
《小象辞》说：脚上拖着刑具，遮盖了脚趾，犯人不能行走了。

【释辞】

屦：音具（jù），鞋，作动词用。
校：音叫（jiào），木制刑具，古代锁犯人的木枷。在手上的称梏，在脚上的称桎。
屦校：把校这种木制刑具像穿鞋那样穿在罪人的脚上。
灭：是遮住的意思。灭趾，是刑具仅仅遮没了脚趾，即刑罚很轻。

【观象会意】

《系辞传·下》引孔子话说："小人不耻不仁，不畏不义，不见利不劝，不威不惩，小惩而大诫，此小人之福也。《易》曰：'屦校灭趾，无咎'，此之谓也。"深刻地阐述了初九爻的象外之旨。初九在卦之初，象征社会底层的小人，小人重视利害，不在乎仁义不仁义，小人有了过错，不给他点厉害，他是不会改过的，其方法是"小惩大诫"，正是挽救了他。

《小象辞》说的"不行也"，实质上具有惩戒作用，警戒小人不要在罪恶之路走下去。

六二：噬肤，灭鼻，无咎。
《象》曰：噬肤灭鼻，乘刚也。

【译文】

六二，咬食嫩肉，鼻子陷入肉里，没有灾害。

《小象辞》说：咬食嫩肉，鼻子陷入肉里，是因为乘驾在阳刚之上。

【释辞】

肤：动物腹部下膘，与骨不相连的嫩肉。

灭：没灭。柔软无骨之肉，很容易咬进去，一下子把噬咬者的鼻子都遮没了，有如食肉动物咬食猎物，都是从软腹下口，把头探进去，先吃内脏。

【观象会意】

中四爻有上下齿噬啮之象，所以四爻即言噬，此爻变下卦为兑，兑为口，噬之象也。六二是治狱之人，居其中，初九在下，外为肤，噬其肤之象，所以《杂卦传》说"噬嗑，食也"，说的是中四爻之象。中爻互艮，艮为鼻。六二又在互坎之下，坎水在上，没入水下，是没鼻之象，艮又为黔喙之属，尖嘴动物，如豺狼之属。

噬嗑卦六爻的象征意义，朱熹说："初上无位，为受刑之象，中四爻为用刑之象。"从六爻之位来看，五是君位，是治狱之主。四大臣位是治狱之主的辅佐，二、三两爻是治狱之吏。六二阴居阴位，如肤之易噬，然凌乘初刚，比喻用刑于刚强之人，必须深痛，故至于灭鼻而无咎。

六三：噬腊肉，遇毒。小吝，无咎。
《象》曰：遇毒，位不当也。

【译文】

六三，咬食腊肉，中毒，有小灾难，无大患。

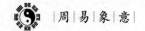

《小象辞》说：遇到了毒，是因为位置不当。

【释辞】

腊：音西（xī）。腊肉，干肉。经风干或烘烤后的肉。

【观象会意】

艮坚故曰腊。坎为肉，所以三、四、五爻都是肉。坎为毒，遇毒者，坎在前也。然而六三应上九，所以只是小吝。六三变则全卦为离，离为火，经火烤，故为腊肉。

王弼说："噬以喻刑人，腊以喻不服，毒以喻怨生。三不当位，喻无断狱之才而掌治狱之权，以此治狱，民必不服，岂惟不服，怨毒以生。"

爻位以次渐深，喻之刑讯，噬肉以次渐难，来氏说："凡易中言遇者，皆雷与火也。睽九二变震曰遇主于巷，遇元夫者，亦变震也。……毒者，腊肉之陈久，太肥者也。"

九四：噬干胏，得金矢。利艰贞，吉。
《象》曰：利艰贞，吉未光也。

【译文】

九四，咬食干骨头上的肉，发现了金属箭头。利于在艰难中守持正道，吉祥。
《小象辞》说：利于在艰难中守正，吉祥，是因为还不光大。

【释辞】

胏：音子（zǐ），肉中带骨者谓之胏。即噬肉带骨头的干肉，喻所噬的肉更难啃了。

【观象会意】

"得金矢"一句，历来注家说法不一。一说，金矢者是射猎者射入骨肉中的金属箭头，此种情况或许有之。但此卦六五爻"得黄金"，在猎物骨肉中能得到黄金，则于理不通。一说，金矢者，刚直也。噬胏虽难，终得申其刚直也。《周礼》："狱讼，入钧金束矢而后听之。"是取其公平刚直之义。就全卦而看，九四是口中梗塞之物，是噬的对象，必噬之而后嗑。但是就爻位而看，六四接近君位，它又是担任除间的重责，是用刑之人。

《周易》的取象卦与爻有所不同，故不可拘泥于一象。附在骨头上的干肉是最难啃的。对比六三噬腊肉则遇毒，而九四噬胏则得金矢，是两者刚柔治狱才能的区别。

六三遇毒，喻所刑之人不服（不招供）。四得金矢，喻所刑之人服矣（招供），但是必须艰难正固乃得无咎。

按：噬嗑一卦，只有四五两爻方能胜任治狱之道。《彖辞》以五之柔为主，所以说"柔得中而上行，虽不当位，利用狱也"，利用的评价独归于六五。爻位以四之刚为主，所以说"噬干胏，得金矢。利艰贞，吉"。吉的结论独归于九四，而他爻是"无咎"。

从《彖辞》主柔来看，以仁治狱，是治狱之本。从爻辞主刚来看，以威严为治狱之用，刚柔交替使用，爱畏兼施，治狱之道就在其中了。

《小象辞》说"未光也"，光是指的上卦，离为光明，九四为上卦初爻，与主爻六五比起来，其光明的程度还差了一点，所以尚需艰难守正。

六五：噬干肉，得黄金。贞厉，无咎。
《象》曰：贞厉无咎，得当也。

【译文】
六五，咬食干肉，犹如得到黄金，守持正道以防危险，没有灾害。
《小象辞》说：守正道以防危险，没有过错，位置得当啊。

【观象会意】
六五阴柔又居中不偏，是象辞说柔得中而上行的人。居中而审案断刑无人不服，有如噬干肉那样容易。来知德说："噬干肉难于肤而易于干胏者也。乃所治之狱匪难匪易之象。黄者，中也。金者，刚也，变乾金之象也。乾错坤，黄之象也。离得坤之中爻，为中女，则离之中乃坤土也，故曰黄金。贞者，纯乎天理之公而无私者也。厉者，存乎危惧之心而无忽也。无咎者，刑罚当。为

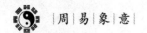

民不冤也。"

上九：何校灭耳，凶。

《象》曰：何校灭耳，聪不明也。

【译文】

上九，肩上扛着枷锁，遮盖了耳朵，凶险。

《小象辞》说：肩上扛着枷锁，遮盖了耳朵，是耳不聪，目不明。

【释辞】

何：通"荷"。

灭耳：形容枷大没耳。

【观象会意】

中爻为坎，为桎梏。坎为耳痛，灭耳之象也。又离为戈兵，中爻艮为手，手持戈兵加于耳之上，亦是耳之象也。上九居卦之终，当刑狱之终审，盖罪大恶极，法不容赦者也，故有何校灭耳之象。诚如孔子所说："善不积不足以成名，恶不积不足以灭身。小人以小善为无益而弗为也，以小恶为无伤而弗去也，故恶积而不可掩，罪大而不可解。《易》曰：'何校灭耳，凶。'"深刻地阐述了本爻的警戒意义。

【易学通感】

六二居下卦之中，为初审用刑之主，阴居阴位，深谙刑讯罪犯心理，对初九之阳刚，采取以柔攻心的方法，从犯人最软弱之处下手，所以罪人易于招供。噬肤灭鼻者，喻犯人招供之深也。其中难免有冤狱之嫌。沈阳市有俗谚曰：坦白从宽，牢底坐穿。卦辞说无咎，是中性之辞，善补过也。六五居尊位，以柔居刚，柔而得中，审案于人。人无不服，故有噬干肉易嗑之象，然又恐其柔顺而不敢断，故取喻以黄金之刚，又戒以贞厉，乃得无咎。而《小象辞》评价是得当的，说的是以柔用刚，即以仁爱之心施用于法律，慎刑慎杀，由此可见古仁人之心。

贲　第二十二卦

艮宫一世卦

贲 ䷕ 离下艮上
中爻坎震　　【错】䷮ 困　　【综】䷔ 噬嗑

【题解】

《序卦传》说："嗑者，合也。物不可以苟合而已，故受之以贲。贲者，饰也。"认为贲的含义是文饰。而《杂卦传》说："贲，无色也。"以为贲是没有颜色的。无色即事物的本色，本色是质朴，《杂卦传》说的是质，所以贲卦是讲文与质的关系。《论语》："文胜质则史，质胜文则野，文质彬彬，然后君子。"说的是孔子的审美标准。贲卦包含了儒家的美学思想。贲卦以山下有火，木火通明，花木相映之象，阳刚的壮美与阴柔的优美交叉和互动，构成光辉灿烂的美感。噬嗑卦讲的是法治，贲卦讲的是文明，文明与法治是组成人类社会缺一不可的两个方面。

贲：亨，小利有攸往。

【译文】

贲卦象征文饰，亨通。柔小者利于有所前行。

《彖》曰：贲，亨，柔来而文刚，故亨。分刚上而文柔，故小利有攸往。天文也。文明以止，人文也。观乎天文，以察时变；观乎人文，以化成天下。

【译文】

《彖辞》说：文饰，亨通。以阴柔来文饰阳刚，亨通。刚健上到六爻文饰了柔顺，使刚柔互济，所以柔小者利于有所前行。阳刚和阴柔之美交相错杂，这是天的文采，行为文明，止于礼仪，这是人类表现的文采。观察天的文采，可知道四季变迁的规律，观察人类的文化情况，可以推行教化促成天下文明进步。

《象》曰：山下有火，贲；君子以明庶政，无敢折狱。

【译文】

《大象辞》说：山下有火，火耀山林，这是贲卦的卦象。君子观此卦象，深感明照洞察的重要，从而修明各项政务，却不敢靠文饰之言处理讼狱案件。

【释辞】

贲：音必（bì），又音奔（bēn）。贲从卉从贝，本义为在贝壳上雕刻花纹。卦义为素质上加文饰。

【观象会意】

阴为小，文饰之道不可大用。互震为往，离为光明，艮为止。文饰太过则掩盖本质，光明而遇艮止，是文饰而不过分，所以是小利有攸往。贲卦文质彬彬，交相为用，所以亨通。

虞翻认为贲卦是由泰卦变来，"柔来而文刚"，指的是六二，刚指上九，泰卦中的下卦乾因六二来而变成离卦，上卦坤因上九往成艮卦，所以是"刚上而文柔"。艮止而不能行，仅可小利有攸往。王弼注本中原有"刚柔交错"四字，即"刚柔交错，天文也"。在天成象，日月星辰的运行是一刚一柔，一往一来而已。贲卦刚柔交错即天之文也。从卦德的文明，"观乎天文，以察时变"。观看日月星辰的运行，以看昼夜和四时寒暑代谢的变化，"观乎人文，以化成天下"。观察人类民俗与文化的情况，可以推行教化促成天下文明进步。

"以明庶政"。明是离象，无敢有艮象。庶者，众也。庶政是民政之事，如钱谷出纳之类小事。而折狱一事，关系民命之生死的大事，需再三详审，和象辞"文明以止"，卦辞"小利有攸往"的卦义相同。

按：现代国家政治制度行政、立法、司法三权分立。贲卦《大象辞》讲的

"君子以明庶政"属于现代政治中的行政权问题。"无敢折狱",折狱属于现代政治体系中的司法权范围。可见,中国古代的政法思想的进步。

初九:贲其趾,舍车而徒。
《象》曰:舍车而徒,义弗乘也。

【译文】

初九,文饰脚趾,舍弃车辆,徒步行走。

《小象辞》说:舍弃车辆徒步行走,是从道义上不宜乘车。

【观象会意】

虞翻说:"坎为车。徒,步行也。位在下,故舍车而徒。"刘沅说:"卦下为趾,互坎为车,艮止故舍车。乘车贵者之事,初安于徒行,自贲其趾,盖以德义自荣,不以外饰为务。义本不可乘,非故与世之贲相违也。"

初九处于贲之始,贲的程度最轻,此言初九位卑处下,不敢贪求华饰,故自贲其趾。比喻文饰适当,而舍车安步而行,弃所不当饰,所以《小象辞》说:"义弗乘也。"

《王注》:"在贲之始,以刚处下,属于无位,弃于无义,安夫徒步以从其志者也。故饰其趾,不越礼以求贲。世以奢侈为荣,君子以为辱,谓其饰礼而反蔑礼也。"

六二:贲其须。
《象》曰:贲其须,与上兴也。

【译文】

六二,文饰胡须。

《小象辞》说:贲其须,与九三一起动作。

【观象会意】

尚秉和说:"艮为须,下离文之,故曰贲其须。"六二与上体六五无应,所以亲比于九三。九三与上九无应，欣然接受六二来文饰。六二与九三均得位而无应合，两两亲比，故二专意承三。好比文饰三之美须，于是阴阳互相文饰，相得益彰。六二为九三贲其须，正是《象传》"柔来文刚"之意。

一说，贲卦从九三到上九构成"口"之象，是一个小颐卦，六二紧靠在口的下面，像胡须紧贴嘴唇。侯果说："自三至上有颐之象也。二在颐下，须之象也。"

此爻以胡须不能脱离面颊，比喻文与质的关系。文采不能脱离本质，本质决定善恶，文采增添美感，故《小象辞》说"与上兴也"。以此爻用于社会团体，下卦犹如企业中的部门，二爻是部门中副手，亲比文饰九三，互相赞美，互不拆台，可以和同部门的首长共同进步，做到"与上兴也"。以此爻用于家庭，夫妻间互相文饰，可以亲密夫妻感情，促进家庭和谐。

九三：贲如，濡如，永贞吉。
《象》曰：永贞之吉，终莫之陵也。

【译文】
九三，文饰的华丽鲜艳，润泽光彩，只有长久固守贞正之德，才会吉祥。
《小象辞》说：只有长久固守贞正之德，最终没有谁能够欺凌它。

【释辞】
濡如：光彩润泽像被沾湿的样子。
陵：同"凌"，侵凌。如，语助词。

【观象会意】
九三以离文自饰，是贲如之象，中爻坎水以自润，濡如之象，体刚而位正，所以是永贞吉。而诸阴终不能侵凌也。九三以一阳居二阴之间，当贲之时，阴来为之贲饰，所以有贲如濡如之象。然而不可以耽溺于其中，如果占遇此爻者，能坚守永贞之告诫，才会吉祥。李士铉说："山火饰而为贲，三居其爻。故贲如。坎水濡润，火得水以济，光华而又润泽。阴阳相接，文质相宜，文之美也。以饰其吉则吐辞温润，以饰其行则泽躬尔雅。自无暴鄙之讥，而无敢侮之者，永贞而吉。"

九三以一阳处于二阴之间，被两异性贲饰得光彩鲜艳，是贲饰最盛的人。故曰贲如，贲饰之盛，光彩润泽，故云濡如。

六四：贲如，皤如，白马翰如。匪寇，婚媾。
《象》曰：六四当位，疑也。匪寇婚媾，终无尤也。

【译文】

六四，文饰得浅淡朴素，呈现出一种洁白之美，骑着白马飞奔，前方并非是强寇，而是前来婚配的佳偶。

《小象辞》说：六四居当位多疑的位置，不是强寇而是来婚配的佳偶，最终不会有怨尤。

【释辞】

皤：音婆（pó），白色。老人须发白称皤。

翰：马白色。翰如，鸟飞疾速貌。震为马，为羽翰。说的是马行快如羽翰。

【观象会意】

九三文饰到了极点，六四脱离饰之体，为艮止之体，由文而反贲，故呈白贲之象的素色。初九舍车而徒，因为在下无所乘的缘故。六四在九三之上，故有所乘，所以是"白马翰如"。白人骑白马，是崇尚素质。刘沅说："上，艮之终，止之极。尽去其华，归于白色，故白也。白非贲也，贲极而反于白，以白为贲，正所以善其贲。无咎者，返本复始，救败之道也。"《考工记》云："画缋之事，后素功。"《论语》："绘事后素。"《郑注》："素白采也，后布之，为其易渍污，是功成于素之事也。"

"匪寇，婚媾"，说的是初九虽是阳刚之体，但对于六四来说不是强寇，而是阴阳相应的配偶。六四所以有疑虑，因为阴居阴位，又处于多惧之位，所以用"匪寇"二字，其意在劝其勿疑，劝其前往速应初九。

王弼以九三为寇，认为四应初，当中隔了九三从中阻碍。"四乘坎，坎为寇，疑其逼己，岂知四当位，下有正应，三不能害己，终得与初婚媾也。"从婚媾的志向看，初九是"舍车而徒"，六四是"白马翰如"，双方都是不饰文华，向往质朴的生活，可以说是志同道合，因此《小象辞》说"终无尤也"。结合在一起，会有什么怨尤呢？

六五：贲于丘园，束帛戋戋。吝，终吉。
《象》曰：六五之吉，有喜也。

【译文】

六五，文饰于隐居山丘田园的隐者，持一束微薄的丝帛礼品，初有吝难，最终吉祥。

《小象辞》说：六五的吉祥，是有喜庆之事啊。

【释辞】

束帛：《子夏传》"五匹为束"。帛，丝织品总称。

戋：音间（jiān），轻而少的意思。王安石说：戋戋，损少，俭而用礼，未失中也。

【观象会意】

艮为山，丘之象，坤为帛，乾圜约其两端，故曰束帛（尚秉和）。艮为果蓏，又居中爻震木之上，果蓏林木，有园之象。此丘园指上九，上九白贲，隐居山林之贤士。

来知德说："本卦上体下体皆外阳中虚，有礼缎之象，上戋下戋，故曰戋戋，阴吝啬，故曰吝。六五文明以止之主，当贲之时，下无应，乃上比上九高蹈之贤，故有光贲丘园束帛以聘之象，然贲道将终，文反于质，故又有戋戋之象，以此为礼有似于吝，然礼薄意勤，礼贤下士乃人君可喜之事，占者得此，吉可知矣。"

《小象辞》说的"有喜也"，艮错为兑，兑为悦为善，六五得上九之贤士，所以是有喜。

上九：白贲，无咎。

《象》曰：白贲无咎，上得志也。

【译文】

上九，白素无华的文饰，没有咎害。

《小象辞》说：白素无华的文饰，没有咎害，是至上返璞归真。

【观象会意】

白，素朴。上九是贲极反本复归于无色之意。崇尚质素就不会失去本来的真我，上九的崇尚质素，不是不要文饰，而是不要使华丽淹没了实质。六五、上九两爻都是贲极返本的意思。

熊良辅说："白贲云者，终归于无所饰也。贲之取义始则因天下之质而饰之以文，终则反天下之文而归之于质。"贲卦言白马，言束帛戋戋，终言白贲。《杂卦传》说："贲无色也。"可见贲卦的美学思想是崇尚朴实无华。

【易学通感】

贲，讲的是饰以文采，但是从六爻看来，初九舍车而徒，在高楼林立、车轮滚滚的当今社会，"贲其趾，舍车而徒"，颇有现实意义。上班的人不追求有车族的虚荣来文饰自己，穿一双舒适漂亮的运动鞋，女孩子染上脚指盖儿，趾高气扬、坦坦荡荡地走，多一位"舍车而徒"的人，马路上少一点拥堵，天空中多一片蓝天。

六四白马，六五束帛，上九白贲，都是质实而不事文采，只有九三的贲如濡如才是贲饰之盛，以此爻用之于社会男女，九三一阳处于群阴包围之中。下有六二，上临六四、六五，修饰过分，光彩润泽，必须坚守其节操，不要沉溺于色相，永远固守正道。不要被欲望所侵凌压倒，就不会有人超越它，前途自然会光明。

从全卦看来，儒家传统的讲文饰，虽然也讲外美，更注重内美（本质）。人有内美，文采也在其中了。如果现代人只注重修饰外在形象，而不修其德（内美），就不符合传统文化中的"贲"之本义了。

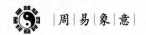

剥　第二十三卦

乾宫五世卦

剥 ䷖ 坤下艮上
中爻重坤　　　【错】 ䷪ 夬　　　【综】 ䷗ 复

【题解】

《序卦传》说："贲者，饰也。致饰然后亨则尽矣，故受之以剥。"剥卦一阳在上硕果仅存，五阴在下向上剥乱，是阴盛阳衰之卦，象征小人得势，君子厄困。

剥卦是十二月消息卦中的九月卦，时令当寒露、霜降节气。剥之时白昼渐短、黑夜渐长，天气转寒，树叶调零，都是阴气剥阳。剥卦用于政治，此时君子应当认清大势所趋，卦内坤而外艮，有顺时而止之象，要隐忍而待时，不利于有所行动。

剥：不利有攸往。

【译文】

剥卦象征剥落之时，不利于有所行动。

《彖》曰：剥，剥也，柔变刚也。不利有攸往，小人长也。顺而止之，观象也。君子尚消息盈虚，天行也。

【译文】

《彖辞》说：剥卦的卦象是剥落，阴柔改变了阳刚。不利于有所行动，是小人势力增长。顺应天时而停止行动，是观象的结果。君子看重消减和增长，盈满和虚亏，因为这是天体的运行规律。

《象》曰：山附于地，剥；上以厚下安宅。

【译文】

《大象辞》说：山体附着在地上是剥卦的象征。君子从中得到启示，在上位者要厚待下民，以安其位。

【释辞】

剥：落也。

攸：所。李士钤说："剥，阴长阳消，君子退避静处，不与小人争，自不为小人害。所以存善类，养元气，以俟一阳之来复也"。

【观象会意】

五阴兢进以消一阳，是剥落之象。当止之时，君子必无可往矣，艮以止之，故不宜有所行动。

象辞说"柔变刚也"。本卦是乾宫五世卦，说的是柔爻改变了刚爻。

"不利有攸往，小人长也。顺而止之，观象也。"当剥落之时，阴气盛长。从卦象来看，被剥落的是阳刚，剥落的主体是阴柔，五阴并进欲剥落上面一阳，从卦体来看，是小人邪恶势力增长，从卦象看，内顺而外止，有顺时而止之象，观此象，小人得志之时，不可往，所以不利有攸往。剥为消息卦，消息是盈虚的开始，盈虚是消息的结果。消息盈虚，说的都是阳气的变化，复卦象征的是阳之息（增长），姤卦象征的阳气之消，乾卦是阳气的盈满，坤卦是阳气的虚无，剥卦正是阳气消退而将虚无之时。"天行也"，是天道运行的法则，天道如此，君子只有顺从天时而已。君子心存消息盈虚的道理，在行为上能顺从它，才合乎天道的运行规律，违反天道就凶险，所以君子随时而行止，以顺从自然和社会。

《程传》说："夏至一阴生而渐长，一阴长则一阳消，至于建戌则极而成剥，是柔变刚也。卦有顺止之象，乃处剥之道，君子当观而体之。"

上指的是上九一阳，指统治者。坤为厚，为众为下，指民众。艮为宅，为安。艮上坤下，是山附于地面之象，就是剥卦，山体受自然影响，如地震引起山石崩落，暴雨浇注引起泥石流，大地是山体的基础。在上位的统治者观此卦象明白一个道理，当官的依附百姓而存身，好比山脉依附于大地，因此要厚待下民，取得人民的拥护，才可以安其身，安其居，保住统治地位，而避免被剥落失掉政权。

卦辞"不利有攸往"，有道家的无为思想。

《大象辞》的"上以厚下安宅"从另一角度阐述卦象，君以民为体，厚民于下，则君安于上，即"民为邦本，本固邦宁"的治国有为思想，从中我们可以看出《周易》经传思想的不同。

初六：剥床以足，蔑，贞凶。

《象》曰：剥床以足，以灭下也。

【译文】

初六，剥蚀床足，床腿乱掉了，占卜到这一爻凶险。

《小象辞》说：剥蚀床足，阳气是从下面开始被剥蚀的。

【释辞】

蔑：通灭，即蚀灭，即乱掉了。《杂卦传》："剥，烂也"。剥床以足，是说根基坏了。

贞：释为占卜。

【观象会意】

艮有床象，剥卦有大艮之象。阴之剥阳自下而上，以床为喻。初爻为床足，阳变为阴，象征开始剥蚀床腿，床腿逐渐没了。此喻政权的根基不牢。李士鉁说："床恃足以安，国恃民以立，足坏则床将倾矣，民离则国将亡矣。"蔑犹失也。阴以从阳为正，而消阳，是失阴之正道也。

六二：剥床以辨，蔑，贞凶。

《象》曰：剥床以辨，未有与也。

【译文】

六二，剥落已剥蚀到床干，床干蚀灭，占卜此爻凶险。

《小象辞》说：剥落已剥蚀到床干，是六二没有相应的阳爻。

【释辞】

辨：辨有四说，一指床身与床足的分辨处；二指床帮；三指床头；四指床板。辨者，床之干也。不说干而说辨，辨是床身和床足的分辨之处。

【观象会意】

李士钐说："辨，足之上，近膝之下，犹床干也。辨坏则床无资。二为臣位，臣亡则君无助。始则兆庶离心，继则股肱尽失，君子欲安其上，得乎？"

《小象辞》说"未有与也"，即六二没有相与感应的阳爻。

丘富国说："阴阳相应为有与。咸六爻皆应，曰感应以相与。艮六爻皆不应，曰敌应不相与。"

与六二相与的是阴爻，凡是爻中阳以应阴，阴以应阳，才叫作应与。六二相应的六五，相比的初六、六三同是阴爻，前后左右都无应与的阳爻，所以与初六同命运，都是蔑贞凶。

按：六二阴居阴位，居中得正，其位本安稳，不易被剥落，但事态发展渐进之势不可逆转，已经剥蚀到了六二的位置，床的上下分辨之处。六二前后及相应的六五都是阴爻，无法得到依靠和帮助，孤立无援。君子处此之时，应当认清形势，顺应事态的发展，同时要守持正道，否则必然凶险。

> 六三：剥之，无咎。
> 《象》曰：剥之无咎，失上下也。

【译文】

六三，剥蚀它，没有过错。

《小象辞》说：剥蚀它，没有过错，因为六三独应上九，与上下阴爻不同。

【观象会意】

六三阴爻居于阳位，有阳刚之质，又有上九相感应，在五阴爻之中独应阳刚，得到相助，所以虽处于群阴之中，可自保无虞。

荀爽说："众皆剥阳，三独应上，无剥害意，是以无咎。"

王弼说："上下各有二阴，而三独应于阳，则失上下也。"

刘沅说："三亦以阴剥阳，故曰剥之。然居刚而独与上应，是处剥之时，能去其党以从阳，异乎上下之阴矣。"

按：六三动，本卦变成艮卦，艮为止，剥蚀的危机暂时得以控制，所以无咎。

纳甲法鬼谷子用于风水家宅占六爻：初井；二灶（厨房）；三床席；四门窗（厕所）；五人；六墙壁（屋顶）。可与此卦参考，但不可拘泥。

六四：剥床以肤，凶。

《象》曰：剥床以肤，切近灾也。

【译文】

六四，剥蚀床体已到了人的肌肤，凶险。

《小象辞》说：剥蚀床体已到了人的肌肤，灾害已及床上之人了。

【观象会意】

剥卦以床为喻，阴气从下生逐渐向上剥落，以爻次第观之，初为床足，二为床干，三为床身，四爻入艮体，艮为肤，故曰剥床以肤。《小象辞》说"切近灾也"，剥及于肤，即剥蚀到床上之人的肌肤了，灾害已近人的本身了。

王肃说："坤象床，艮象人，床剥尽以尽人身。害莫甚焉。"

李士鉁说："艮为肤，阴之消阳，已尽下卦而至上卦，床剥已尽而及于肤之象。四为近臣之位，腹心之任，并此而剥，天下事尚可问乎？"

六五：贯鱼以宫人宠，无不利。

《象》曰：以宫人宠，终无尤也。

【译文】

六五，鱼贯而入，像宫女一样受到宠幸，没有不利。

《小象辞》说：像宫女一样受到宠幸，最终没有怨尤。

【观象会意】

虞翻说："艮为宫室。"刘沅说："变巽为鱼为绳，贯鱼象。五君位，阴居之，象后。变巽长女，下体坤，宫人象。上承阳，后妃以宫人受宠于君象。柔顺居正，率群阴以听命于一阳，为统率众宫人贯鱼次序而受宠。"鱼是生活在水中的阴物，贯鱼是群鱼游动时前后连贯成行，六五众阴之首，其地位如皇后，皇后统领后宫妃嫔像排列成串的鱼，相次受宠幸于独阳上九，所以没有什么不利。本爻取"贯鱼以宫人宠"之象，是以周朝后宫制度为喻，阐发群阴剥阳之义。

《周礼·天官冢宰·九嫔》郑玄注："女御八十一人当九夕，世妇二十七人当三夕，九嫔九人当一夕，三夫人当一夕，后当一夕，亦十五日而遍云，自望后反之。（十六日再从头轮）。"本爻拟象，先以"贯鱼"喻"宫人"，再合贯鱼，宫人喻六五与四阴爻的情状，这是复叠式的比喻，旨在说明阴贯鱼而欲承君子也，好像行贿者排队给贪官送礼。

上九：硕果不食，君子得舆，小人剥庐。

《象》曰：君子得舆，民所载也。小人剥庐，终不可用也。

【译文】

上九，硕大的果实没有被吃掉。君子得到乘舆，小人要掀掉庐室的顶盖。

《小象辞》说：君子得到车乘，是为下民所承载，小人要掀掉庐室顶盖，是阳刚终不可剥蚀净尽。

【观象会意】

艮为硕果为庐，坤为车。尚秉和："艮为果蓏。硕，大也。孤阳在上，故曰硕果。震为食，震覆故不食。卦一阳未消，剩余在上，是其义也。艮为君子，坤为大舆，为载。艮在坤上，乘舆之象也，故曰得舆。坤为小人，艮为庐，候卦阴终消阳，故曰剥庐。君子得舆，由上视下取象，小人剥庐，由下视上取象。"

上九一阳覆盖群阴，有如遮蔽风雨的庐舍。处剥之时，上九又是唯一保存的阳爻，可说是硕果仅存，没被食掉。为了维系阴阳共处的局面，五阴应该拥戴这一阳，这样以刚乘柔，犹如君子有车可乘，这是乱极思治，剥极而复的体现。如果小人（群阴）一定要把剥蚀进行到底，剥掉上面仅存的阳爻，则是自毁庐舍，失去安身之所，其结果必将是国破家亡，小人也不能独全。

【易学通感】

树叶为秋风所剥落，山体为大地所剥落，华发为岁月所剥落。人的一生就是不断剥落的过程。剥卦以床为喻，阴气从下生逐渐向上剥落，初剥足，二剥干，三剥身，四入身体。剥卦六爻之中，仅六五不言"剥"。此爻变成了风地观卦。剥卦象辞说："顺而止之，观象也。"养生可以放慢剥落的脚步，使剥蚀之势得以延缓。六五柔顺得中，阴安而阳亦安，故无不利。上九硕果不食，则仁可以复生，剥落之终就是复元的开始。生之道无时而或息，这就是生生之谓易。

复 第二十四卦

坤宫一世卦，十二消息卦之十一月卦。

复 ䷗ 震下坤上 中爻重坤　　【错】䷫姤　　【综】䷖剥

【题解】

复卦是十二消息卦之十一月卦。剥极而复，剥为九月之卦，阳气尽剥为坤卦。坤，十月之卦，为全阴之卦。《序卦传》："物不可以终尽，剥，穷上反下，故受之以复。"复卦阳刚又从下面复归，即一阳来复，十一月之卦。复卦与剥卦是综卦，卦形颠倒，一阳生于五阴之下。按时令为冬至，冬至之时，阳气反生于地下，也就是"冬至一阳生"。用于人事，小人之道盛极而衰，君子之道消而复生，所以有"反于正道"之义，即卦名"复"，是返回到正道上来，重新开始的意思。

复：亨。出入无疾，朋来无咎。反复其道，七日来复。利有攸往。

【译文】

复卦，亨通。阳气生长没有妨碍，阳刚友朋前来没有危害。返转回复是常道的体现，七天会实现一次往复，利于有所前行。

《彖》曰：复，亨，刚反。动而以顺行，是以出入无疾，朋来无咎。反复其道，七日来复，天行也。利有攸往，刚长也。复，其见天地之心乎？

【译文】

复卦，亨通。阳刚返下复出，一阳复始，震动而上行，坤阴顺应其势，因此，阳气生长没有妨碍，阳刚友朋前来没有危害，返转回复是常道的体现，七天会实现一次往复，是符合天道运行规律的，利于有所前行，说明阳刚日益生长。复卦，表现出生生不已的卦象，体现了天地生育万物的仁心啊！

《象》曰：雷在地中，复；先王以至日闭关，商旅不行，后不省方。

【译文】

《大象辞》说：雷在地中酝酿，是复卦之象。先代君王因此在冬至日关闭城门静养。商贾旅客不外出远行，君王也不去省察四方属地。

【观象会意】

出入无疾：出，指阳气复生于下；入，指阳气尽于上。说出入是为了语气顺。无疾，是说微阳生长，没有什么害处。

朋来无咎。朋，指初九阳刚。朋来，阴阳交合，复道畅通。尚秉和："阴以阳为朋。"

反复其道，七日来复。反复其道，指阳刚反转而复的规律。此借日序周期说阴阳消长规律。七日来复，朱震说："天道之行，极则来反，往则必复，其复之数，自午至子，不过于七。阳生于子，阴生于午，剥复七变，阳涉六阴，极而反初，日也，月也，岁也，天地五行之数，所不可违。而必曰'七日'者，明律历之元也。"

按：阴阳之数各极六，自姤至复是七月，主阳而言故曰日。《诗·豳风·七月》中一之日，二之日，即周之正月、二月。古人多呼月为日。

利有攸往。利有攸往，刚长也。是代表奋进精神的阳刚之气正在伸展、生长，可以大有作为。

复，其见天地之心乎？何谓天地之心？《系辞传》说："天地之大德曰生。"复卦体现出《易经》"生生不已"的精神，天地的至高德性是生育万物的仁心啊！欧阳修说："天地之心见乎动。一阳初动于下，天地生育万物者本乎此，故曰天地之心。天地以生物为心也。"邵子云："冬至子之半，天心无改移。一阳初动处，万物未生时。"体察天心，以是为端，而养先天浩然之气。反复其道，即所谓"七日来复"，此两句说明利有攸往之义。夫子曰："天行也，刚长也。"是说效法天行而养阳气。阳统乎阴，天性主宰命运，天地之性在我，故无往而不宜。

按：大自然的循环往复，生生不息，有周期性。"七日来复，天行也。"揭示的就是生命的周期性。中国医学认为，女子的生命周期为七。《黄帝内经·素问》认为，女子七岁换牙；二七天癸至——月经来潮；三七生育发展到极限。七七四十九岁后进入更年期，不再生育。西方基督教《旧约·创世纪》有七天创造世界之说，第七日为安息日。

而最早揭示"七日来复，天行也"的宇宙周期律的是中国的《周易》。《蛊卦》中有"先甲三日，后甲三日"，加上甲日，共七日。《巽卦》中有"先庚三日，后庚三日"，加上庚日，共七日。所以《蛊卦·象传》说："终则有始，天行也。"《巽卦·象辞》说："君子以申命行事。"《巽卦·九五》说"无初有终"。《周易》将宇宙的周期律用于政治改革之中，体现了中国传统文化中顺乎天而应乎人的天人合一思想。

按中国古代历法，以日照最长与最短之日为"至"。最长的一天阳气极盛而后转而生阴，称为"夏至"，即"夏至一阴生"，其消息卦为姤，于时为五月。最短的一天，阴极而阳生，称为"冬至"。其消息卦为，于时为十一月。《复》卦至日就是冬至日，即"冬至一阳生"。朱震曰："于复言冬至，则知姤为夏至，而十二月消息之卦变可知矣。"

在冬至之日，把城门关闭，是说古代君王效法《复》象，在一阳复生之际，休息静养以待时机，使行商不得入内。君王自己也闭关静养不出外去考察四方，这与《复卦·象传》所讲的"利有攸往"并不矛盾。前者讲的是复卦之时的发展趋势。

坤为方，阳安养于下，故后不省方。

初九：不远复，无祗悔，元吉。

《象》曰：不远之复，以修身也。

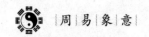

【译文】

初九，没走出多远就返回正道，没有忧悔，大吉大利。

《小象辞》说：没走出多远就返回正道，是用以修身养德。

【释辞】

祗：音zhī，郑玄《周易注释》为灾患。无祗，即无灾患，无大误之义。

【观象会意】

初九一阳居群阴之下，为"复"之始，最得复之道，故有不远即复之义，即阳刚被剥，消失未远，又在下面复归，没有灾患，有大的吉祥。

不远者，失之不远也。陶渊明深感官场黑暗，辞去县令，不为五斗米折腰，作《归去来兮辞》："实迷途其未远，觉今是而昨非。"即"不远复，无祗悔"之意。

《小象辞》说："不远之复，以修身也。"《系辞传·下》："子曰：'颜氏之子，其殆庶几乎！有不善未尝不知，知之未尝复行也。'《易》曰：'不远复，无祗悔，元吉。'"孔子赞扬颜氏不二过，也就是不远复，无祗悔。

《程传》说："修身之道，唯知其不善，则速改以从善也。"为学之道，没有他途，只有知道不善，则速以改正以从善而已。

六二：休复，吉。

《象》曰：休复之吉，以下仁也。

【译文】

六二，圆满地返回正道，吉祥。

《小象辞》说：圆满地返回正道的吉祥，是因为六二能亲近志士仁人。

【释辞】

休，养也。

【观象会意】

六二当阳气复归之时，柔中居正，下通初阳，所以回复善美之道而获得吉祥。《小象辞》说"以下仁也"，是说六二能亲近仁人。复卦初爻本是剥卦上九"硕果不食"，穷于上必反于下，其果核又生仁，所以取此仁字，即复礼为仁，初阳复即复于仁。所以《象》曰："以下仁也。"

六三：频复，厉无咎。
《象》曰：频复之厉，义无咎也。

【译文】

六三，频繁地翻来覆去，有危险，却没有过错。
《小象辞》曰：频繁地翻来覆去，有危险，从道义上没有过错。

【观象会意】

六三阴居阳位，不中不正，又处震极，复而不固，屡失屡复之象，屡失所以危厉，屡复则无咎。刘沅曰："频，数也。三居震动之极，上接静坤，旋动旋静，复而又复之象。人心惟危，故厉。旋失而能旋复，故无咎。"

六三居两卦之间，一复既尽，一复又来，有频复之象。频复者，频失频复也。厉者，人心之危也。无咎者，能改过也。《小象辞》说"义无咎也"，是为人启迁善改过之门，其意深远。摇摇摆摆是危险的，但毕竟有复归于善的愿望，所以从道义说是没有过错的。

六四：中行独复。
《象》曰：中行独复，以从道也。

【译文】

六四，居中行正，独能返回正道。
《小象辞》说：居中行正，独能返回正道，因为能顺从阳刚渐长之势。

【观象会意】

六四阴爻居阴位得正，处五阴之中，故曰中。与众阴一同返阳，故中行。群阴中只有六四与初九阳刚相应，其情专一，故有独复之象。居群阴之中而又行正，所以是以从道也。

《本义》云："与众俱行，独能从道。当此之时，阳气甚微，未能有所为，然理所当然，吉凶非所论也。"

《中庸》说："天命之谓性，率性之谓道。"六四之谓也。

六五：敦复，无悔。
《象》曰：敦复无悔，中以自考也。

【译文】

六五，敦厚地返回正道，无所悔恨。

《小象辞》说：敦厚地返回正道，无所悔恨。是因柔顺居中能自我考察反省之故。

【释辞】

敦：《尔雅·释诂》：敦，勉也。《邢疏》：敦者，厚相勉也。

考：考察。

【观象会意】

敦，厚也。六五处尊位，柔顺而得中，本在坤体，又互坤。坤为厚，是厚之至也，所以为敦厚。敦厚者，其复不可转也。

来知德说："初乃复之主，二以下仁而成休复。四以从道而成独复，皆有资于初以成其复。惟五以中德而自成，不资于初，故曰自。无祗悔者，入德之事；无悔者成德之事，故曰考。"六五居复卦君位，又居上坤之中，是"安土敦乎仁"。依中道而行，时时考察自己，所以无悔。

上六：迷复，凶，有灾眚。用行师，终有大败。以其国，君凶；至于十年，不克征。

《象》曰：迷复之凶，反君道也。

【译文】

上六，迷入歧途，不回复正道，有凶险，有灾祸。用于带兵作战，终将大败；用于治国，则必累及君王也遭凶险，以至于在十年之内，都不能取胜。

《大象辞》说：迷入歧途，不回复正道的凶险，因为违反了君王的中庸之道。

【释辞】

眚：音省（shěng），此处释为人祸。

【观象会意】

上六以阴爻居复之终，是终迷而不复的人。人迷途而不知复，其凶可知也。有灾眚，灾，是天灾自外而来，眚，己过，祸由己作。上六既迷不复善，在己则动辄有咎，灾祸也自外而至，都是自己招来的。执于迷途不返的状态，不能顺应从阳而复的大趋势，必然会招致凶险，惹来天灾人祸。

坤为众，故曰行师。上六变艮，全卦为大离之象，离为戈兵，而震动为行师之象。国是坤之象。坤冥为迷，高而无应，故凶。坤上六为龙战于野，其血玄黄，故终有大败。

《小象辞》说："反君道也"，是反其六五之君道也。六五有中道，敦厚而返，无悔。六五居坤之极，又无中顺之德，是反君道而凶。

【易学通感】

复卦喻事物正气下复，生机更发的态势，生命剥落不尽，一阳终将来复。揭示万物复于正道是不可抗拒的自然规律。复卦是以阳刚来喻真善美，复卦的要义是使人复善而趋于仁。上六的结局，有感于人生，外界的灾患使人生畏惧，而内心的空虚使人生迷惘。如嗜欲于权力而不能自拔，必将愈陷愈深，难逃失败的命运。

参悟了复卦的天地之心，也就顿悟了佛教的"缘生缘灭""不生不灭"。生命因此而生生不息。老子说："夫物芸芸，各复归其根，归根曰静，静曰复命。复命曰常，知常曰明。不知常，妄作凶。"德国的大诗人歌德也说："生命可以转移，但不会消失。"个体的生命难免有剥极终尽之时，但"终极有始，天行也"。天道轮回，我们的生命已复归延续到下一代，而生生不已，这就是孔子所赞的："复，其见天地之心乎？"肉体生命的死亡，正是灵魂的往生。

无妄 第二十五卦

巽宫四世卦

无妄 ䷘ 震下乾上
中爻艮巽　　【错】䷭升　　【综】䷙大畜

【题解】

《序卦传》："复则不妄矣，故受之以无妄。"妄是虚妄。无妄就是心中无邪念，不说假话，不胡作非为。卦体下震为动，上乾为天，动而顺从天道就是无妄，天道就是自然发展规律。朱熹说："无妄，实理自然之谓。"即天理出于自然，人欲顺应于天理才能无妄。程颐说："无妄者，至诚也。至诚者，天之道也。天之化育万物，生生而不穷，各正其性命，乃无妄也。人能合无妄之道，则所谓与天地合其德也。"

妄字还有一解，司马迁的《史记》写作"无望"，即无所期望而有得焉。汉以前易学家都认为"无望"是大旱之卦，卦象是晴天打雷，而互卦体巽为禾稼，即禾谷年收无望。其实，二义是相通的，诚如丘富国所云："惟其无妄，所以无望也。"也就是说正因为心中无邪念，行动无妄为，所以也不存有侥幸心理，心存正念，但行善事，莫问前程。祸福都顺从自然，这才是无妄卦的正解。

无妄：元亨，利贞。其匪正有眚，不利有攸往。

【译文】

无妄卦，大的亨通，利于守持正道，如果不正会有灾难，不利于有所远行。

《彖》曰：无妄，刚自外来而为主于内，动而健，刚中而应。大亨以正，天之命也。其匪正有眚，不利有攸往。无妄之往，何之矣？天命不佑，行矣哉！

【译文】

《彖辞》说：无妄卦，是阳爻和外卦来成为内卦的主宰，下卦震为动，上卦乾为健，所以无妄卦有动而健的卦德。九五刚正居中，六二居下卦中位，与之应合，此时大为亨通，守持正道，是天命所在。不行正道的人必有灾祸，不利于有所前往；背离正道而前往，哪里有路可走呢？天意不保佑你，你还能行动吗？

《象》曰：天下雷行，物与无妄；先王以茂对时育万物。

【译文】

《大象辞》说：雷声震震，鸣于天下，万物响应，以时生长，先王观此象，配合天时，养育万物。

【释辞】

利贞：效法无妄之道，利在贞正，失贞就是妄。

匪：通非，匪正则为过眚。眚：灾祸。

不利有攸往：这两句从反面告诫：当无妄之时，不行正道者必有祸患，不利于有所往。

茂：盛也；另说，茂，勉力。

【观象会意】

本卦综卦是大畜卦。故《杂卦传》说："大畜，时也；无妄，灾也。""刚自外来"，大畜卦上九来居无妄卦之下卦初九。下卦为震，一阳为震之主爻，所以是"为主于内"。动而健，指卦上下体而说的，震为动，乾为健，合上下卦而统言之，运动而刚健，象征天道的永恒，要无妄，就得顺应天道。"刚中而应"，指主爻九五而说的，以阳刚居中位，好比君王行中正之道，与柔顺而得中的六二相感应，阴阳结合，生生不息。"大亨以正，天之命也。"依天道自强不息，阴阳和合的正道去行动，大为亨通，正是天命之所归。

"其匪正有眚，不利有攸往。无妄之往，何之矣？天命不佑，行矣哉？"意思是不依正道就有灾祸，不利于有所行动，如果任意行动，毫无节制，那会走向何处呢？天意不保佑你，你还能行动吗？

刘沅说："为主，为震动之主。刚中，九五应，同以健动应也。动而能健，不失乾性之本然。九五以刚中应之，天道健行，所以流行于万物。亨以正也，若违天理之正，徒恃无妄，欲德何之？天命既不佑矣，尚能行矣哉，咏叹而深戒之也。"

以无妄卦用于人事，无论个人、团体或国家，依正道而行，是天命之所归，不依正道而行必有灾难，是天命所不佑，人难道能逆天而行，与天奋斗，而求得其乐无穷吗？

诚如李士鉁所言："天生万物，恶本自然，其或感之有正有不正，则有寿夭之不同。祸福妖祥之不可知，容有出于常理外者，故匪正有眚。"

震为行，而遇艮之止，故不利有攸往。且无妄者自然之谓，无妄而有往，是当无所希望之时，而有希望之心。人欲起而不安天命，非天之所佑也，故不利有攸往。无妄一卦，阐明天命。元亨利贞，君子所以受命；匪正有眚，所以安命；不利有攸往，所以俟命。不知命无以为君子，易固明示之矣。

茂者，盛也。对时者，因雷发生，万物对其所育之时也。天下雷行，阳气勃发，万物与之共动，无不勃然发育，各正性命，而无所妄，是顺天之象。以茂对天时者，布顺时之造化，以养育万物者，使时行物生，万物随雷之动而发生，自然界万物生长，都是按照四时规律运行，使各得其正。

初九：无妄，往吉。
《象》曰：无妄之往，得志也。

【译文】
初九，没有妄念，前往吉祥。
《小象辞》说：没有妄念，前往吉祥，是说心志得以实现。

【观象会意】

初为内卦之主，震初之刚，自乾变化而来，也就是《象传》所说的"刚自外来"。初阳始生，居无妄之初，杂念未起，率性而动，处阴爻之下，有谦恭之象，所以往而心获吉祥。卦辞说"不利有攸往"，说的是既无所期望就不要有所行动。爻辞说"往吉"，指的是以无妄之心前往就吉祥。

《程传》说："诚至于物无不动者，以之修身则身正，以之治事则事得其理，以之临人则人感而化，无所往而不得志也，故吉。"

李士鉁说："受命初生之候，无求无欲。以此道往，素位而行，不愿乎往，所以吉也。震为往。"

六二：不耕获，不菑畬，则利有攸往。
《象》曰：不耕获，未富也。

【译文】

六二，不去耕耘，也不期待收获，不去开垦，也不期望得到良田，就有利于前往。

《小象辞》说：不去耕耘，也不期待收获，是说六二未曾谋求富贵。

【释辞】

菑：音资（zī），开垦一年的生地。畬：音于（yú），开垦三年的熟田。郑康成说："田一岁曰菑，二岁曰新田，三岁曰畬。"

【观象会意】

六二以柔顺居中得正，与九五相应，因而顺乎天意，没有非分的欲望，也就是无妄，所以有不耕获，不菑畬之象。耕获者，耕种而收获；菑畬者，开垦生地而变成良田。六二爻说的是无所作为于前，无所期望于后。如果能有这样的心态，就利于有所前往。《小象辞》说的"未富也"，指明六二未曾谋求富贵。

潘相说："六二中正，顺天命之当然，而无一毫功利之念，不为耕获之业，不为菑畬之谋，从吾所好，而不求乎富也。"

刘沅说："方耕而望获，方菑而望畬，不唯获畬之愿皆虚，并耕菑之功亦旷矣。六二柔顺得中，无急躁之心，故有不计功利之象。震木临坤土，耕象。震为稼穑，艮为手，获象。初地位，二在地上，为田，故取菑畬象。"

六三：无妄之灾，或系之牛，行人之得，邑人之灾。
《象》曰：行人得牛，邑人灾也。

【译文】

六三，意想不到的灾祸，有人拴了一头牛，路人顺手牵牛，村里人有盗窃嫌疑，遭诘捕之祸。

《小象辞》说：路人顺手牵了牛，村里人遭了灾。

【观象会意】

六三互巽，巽为绳，为系，艮为牛，所以是或系之牛。震为行，为人，六三动，中爻为坎，坎为盗，坤土为邑人。六三爻的灾难，源其阴居阳位，不中不正，对自己的言行难以控制，处震之上体，又好躁动，六三将自己置于隐患之中，此为无妄之灾的因；失牛的村民首先怀疑举止不中不正的六三，此为无妄之灾的果。六三处不得正，无故而有灾，虽然祸福无常，并非全然难以避免。世人以言行来衡量德行，六三爻要想免除这种被人无故猜忌的结果，就要反省修身，谨言慎行。

胡炳文说："二得位，有无妄之福，时也。三失位，有无妄之祸，亦时也。《杂卦传》说：'无妄灾也。'此之谓乎？"

刘沅说："坤为牛，变离亦为牛。伏坎为寇盗，互巽为绳，系象，又为木。震为足，三人位，行人象。乾为行人。坤土为邑人。言意外之患，虽动以无妄，必审其时。"

九四：可贞，无咎。
《象》曰：可贞无咎，固有之也。

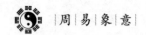

【译文】

九四，可保持正固，必无灾害。

《小象辞》说：可保持正固，必无灾害，是九四自身拥有的品德。

【观象会意】

九四以阳刚之德处于阴位，刚而不正，刚则私欲不行。私欲不行，就没有妄念，无妄则无咎。又以刚乘柔，履于谦顺，当乾体之下，居无为之地，可正固自守，所以无咎。

虞翻说："动则正，故可贞。承五应初，故无咎。"

尚秉和说："阳遇阳则窒。下又无应，不宜于动，故曰可贞。贞，定也。然得重阴履之，故亦无咎。"

九五：无妄之疾，勿药有喜。

《象》曰：无妄之药，不可试也。

【译文】

九五，意想不到的疾病，无须用药将会自愈。

《小象辞》说：意想不到的疾病，无须用药将会自愈，因为不可尝试服药。

【观象会意】

五爻动，互坎为心病，疾象。中爻巽木艮石，药象。九五乾性之本体，中正而居尊，下以中正顺而应之，应当是无妄的最高境界，此疾是意外之患，不足为患，顺其自然，患当自愈。用药则反妄而招来疾患。无妄之疾，乃天之所疾，如中医之外感六淫："风、寒、暑、湿、燥、火"，都是一时阴阳之失衡，时过则平，勿复用药，而疾自愈。有喜者，自愈也。

爻象取之于疾者，或身居高位，为盛德所累者也，所招致的批评或非议。这里有一个领导者如何对待批评和非议的态度问题。当顺其自然，安以处之，加强修养，不采取手段加以制止。子曰，"闻过则喜"，就是"勿药有喜"之一解也。

上九：无妄，行有眚，无攸利。
《象》曰：无妄之行，穷之灾也。

【译文】

上九，没有妄为，行动会招来灾祸，无所利。

《小象辞》说：没有妄为的行动，因时穷而行必遭灾患。

【观象会意】

上九居卦之终，无妄之极者也。极而复行，则违背了自然之理，不顺从自然就是妄，行则有过眚，没有什么利了。程颐说："穷之灾，失位而居乾体之极，故与乾之亢龙有悔，其辞同，是故善学易者，在识时。"

李士钖说："上九不中不正，亢阳无位，命之既穷，欲往故有眚。君子时行时止，安命之中，自有造命之道，居易则可俟命。小人行险侥幸，无攸利也。"

【易学通感】

无妄卦是讲思无邪和不妄为的。卦辞从正反两面揭示其理。先讲万物无妄之时，必然亨通，利于守持正道，再讲违背正道将遭祸患，动辄失其利。六爻都以无妄取象，但先后吉凶利咎却各不相同。

初九得位而为震动之主，时之方来，故无妄往吉；上九失其位而居乾体之极，时已去矣，故其行虽无妄，有眚无攸利，是故善学易者在识时。初曰吉，二曰利，时也；三曰灾，五曰疾，上曰眚，非有妄以致之也，亦时也，初与二皆可往，时当动而动也；四可贞，五勿药，上有眚，时当静而静也。所以以无妄卦看来，人生若要长期保持无妄状态，避害以趋利，不能不审时度势，顺从自然，在审时度势的前提下，必须"守正"，失正则"其匪正有眚"。老子说："祸兮福之所倚，福兮祸之所伏。"

朱熹说："无妄一卦，虽云祸福之来也无常，然自家所守者，不可不利于正。"爻辞中的耕获菑畲虽说的是农夫耕种，其实比喻的是利欲，农民之耕耘意在收获，有期望就有利欲之心。但往往利益得到后会产生更多的欲求，长此以往，难免成为心中负累。六二志向高远，不为利欲所困，安守中正，抛开了得失之心，也就抛开了功利念头，无妄无贪，才能更加有利于向前行进。

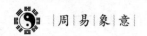

大畜　第二十六卦

艮宫二世卦

大畜 ䷙ 乾下艮上
中爻兑震　　　【错】䷬ 萃　　　【综】䷘ 无妄

【题解】

大畜卦下体是乾，上体是艮。以天之大而在山中，所蓄聚的没有比这个更大的，以阳畜阴，所蓄之力大，故曰大畜。小畜卦是巽以阴畜阳，所蓄之力小所以叫小畜。大畜卦之畜字有蓄聚和蓄止二义。《序卦传》："有无妄，然后可畜，故受之以大畜。"没有虚妄则有实，有实就可能积蓄，所以大畜卦排在无妄卦之后。又乾健在下，上为艮体，一阳止于上，所以大畜卦又有蓄止的意思。

大畜卦用于个人，人之大畜是学问和道德的蓄聚，蓄积正气、品学兼优以报效国家。大畜卦用于国家，国之大畜是尊贤尚能，人才的大量积蓄。大畜是为了大用，要让人才经世致用，各尽其能，兼济天下。

大畜：利贞。不家食吉，利涉大川。

【译文】

大畜卦，利于守持正道。使贤人不在家坐食，而食禄于国家，吉利。利于涉越大川巨流。

《彖》曰：大畜，刚健、笃实，辉光、日新其德。刚上而尚贤，能止健，大正也。不家食吉，养贤也。利涉大川，应乎天也。

【译文】

《彖辞》说：大畜卦，乾天刚健，艮山笃厚，天光山色，相遇而生辉光，日日增新美德，又好像阳刚者居上而崇尚贤德，能为国家蓄止贤能人才，这是意义最大的事。有才德的人得到国家俸禄，不坐食于家，这是国家蓄养贤才以备大用，利于涉越大江巨流，是因为顺应了天道。

《象》曰：天在山中，大畜。君子以多识前言往行，以畜其德。

【译文】

《大象辞》说：天至高至大，却藏蓄在山中，象征着大为蓄聚。君子观此卦象，从而多记住前贤的嘉言善行，以修美积聚自己的品德。

【释辞】

识：音zhì，记在心中。

【观象会意】

乾为大，乾阳上升，为艮所止，所以是大畜。自三至上爻，有颐之象。颐，食象，颐居外，是不家食之象。又中爻兑口在外，四近于五之君位，当食禄于朝廷，不家食之象。坤为大川（古象），上居坤水之巅，下履重阴，得行其志，故曰利涉大川，与颐上九利涉大川相同。刚健是乾之象，笃实是艮之象。乾健不息故刚健，艮土笃厚故笃实。二体相合，有大畜之象，故又言辉光。刚健则无一毫之私念，笃实则没有一丝人格之虚假，在天光山色之中，闪烁着人性的光辉，内外交勉，不断积聚，日新又新，所以能日新其德，所畜者德也，以成就其所畜者大也。

"刚上而尚贤"，大畜卦与前卦无妄卦是综卦，无妄是"刚自外来而主于内"，本卦则是乾以其一刚升到上位，一阳爻居于六五之上，通常是作为君王尊贤尚能的象征。

"能止健，大正也"，乾健难止，艮能止之，艮之所以能止，以其上爻阳刚，艮阳外焕，所畜者宏大而得其正。说明它有大正之德而力量无穷。

"不家食吉，养贤也"，不家食吉，是有才德的人得到公职和俸禄，不在家里吃饭，养贤指六五，五能养贤，以所畜大且正也。

"利涉大川，应乎天也"，指九二乾体而都感应于六五，所畜者正，则所行者亦正，虽有涉越大川之险，也能顺利地渡过了，因为是顺应天道。

《论语》："女以予为多学而识之者与?"识，记也。天在山中，畜其气也。艮为君子，多识即大畜之意。观察考核古代圣人的言行，以正其心，以用于世，这是君子体悟大畜的精神。中爻震为足，行之象，兑口言之象。《大象辞》所阐发的"多识前言往行，以畜其德"的卦义，在中国古代教育伦理中有着极其深远的影响，"博学强识"一直是衡量学者治学根底的赞美之辞。如程颐所言："人之蕴蓄，由学而大，在多闻前古圣贤之言与行，考迹以观其用，察言以求其心，识而得之，以畜成其德。"

初九：有厉，利已。
《象》曰：有厉利已，不犯灾也。

【译文】
初九，有危险，利于止步不前。
《小象辞》说：有危险就止步不前，是不要冒险惹出灾祸。

【观象会意】
下卦乾三阳为艮所蓄，所以内外之卦各具其义，内卦受畜以自止为义。初九阳刚乾体，志于必进，然而当大畜之时，初九乾阳尚微，前遇二、三都是阳爻，遇敌，所以有危厉，有利于停步。《小象辞》所说"不犯灾也"，灾即厉，指二、三两爻。告诫才能德行畜积不足者，不要冒犯危险，惹出灾祸。《子夏传》："居而待命则利，往而违上则厉。"

刘沅说："初九为六四所畜止，而不得伸，轻进则危，故利于止。他卦以相应为相接，此卦以相应为相止。厉，即灾也。畜止而不往，则不犯灾。"

马其昶说："二、三皆畜舆马。初，民象，出无舆，但徒行耳。初应在四，艮山互兑泽，山川险阻，行不得达，故利已。"

九二：舆说輹。

《象》曰：舆说輹，中无尤也。

【译文】

九二，车轴上的栓子脱落了，车不便行走。

《小象辞》说：车轴上的栓子脱落了，车不便行走，是居中没有过失。

【释辞】

说：读 tuō，脱落。

輹：车轴上的附件。

【观象会意】

舆脱輹之象以大车绑缚在车轴上的附件脱离了，大车不能行走，比喻九二当大畜之时，阳刚居下之中，被"六五"畜止，能自度其势，停止不前。三至五互震，震为舆。二居三下，其象为辐。辐，车下缚木。《小象辞》说"中无尤也"，指九二行中道，没有过失。

刘沅说："乾为圜，错坤为舆，中爻兑为毁折，说輹象。"

程颐说："二虽居刚健之体，然其处得中道，故进止无失，虽志于进，度其势不可，则止而不行，如车舆说去车輹，谓不行也。"

按：占遇此爻者，宜等待时机，不可躁进。

九三：良马逐，利艰贞。日闲舆卫，利有攸往。

《象》曰：利有攸往，上合志也。

【译文】

九三，像良马在奔腾，利于牢记艰难，坚守正道，提高道德蓄养，每天练习驾车和防卫本领，利于有所前往。

《小象辞》说：利于有所前往，因为向上合乎心愿。

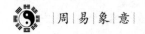

【释辞】

闲：《尔雅·释诂》："闲，习也。"是"熟练"的意思。此处用如动词。

舆：驾车。卫：防卫。闲舆卫：即熟悉驾车和防卫的技术。

【观象会意】

九三以阳居乾健之极，前临重阴，阳遇阴则通。乾为马，震为足、为逐，故为良马逐。《程传》说："舆者，用行之物。卫者，所以自守，当自日常闲习其车舆与其防卫，则有利于所往矣。"

李士鉁说："逐，追奔也。三互震为惊走，上与同类，引之于前，故奔逐。艮山阻之，不可妄进。乾为舆，三人位，为卫。离为日，乾至于三亦为终日，乾惕故曰闲。"

尚秉和说："三遇重阴，阳与阴则通。故曰上合志。上谓四五，此与升初六之上合志同。"

六四：童牛之牿，元吉。

《象》曰：六四元吉，有喜也。

【译文】

六四，将木棒横绑在小牛头上，大吉大利。

《小象辞》说：六四大吉大利，是有喜庆之事。

【释辞】

牿：音故（gù），绑在牛角上以防触伤人的横木。

【观象会意】

童牛以喻初九；牿，以喻六四。六四畜止力量不大的初九，像给牛角上装了横木，使其安分，改变躁动的习性，所以阴阳相得而大吉。《小象辞》说"有喜也"，即阴阳相合之喜。六四变，上卦为离，离为牛，牛之象。艮为少，又应初，童牛之象，变离错坎，牿之象。艮为手，中爻震木，手持木而施之于角，亦牿之象。六四艮体居上，当畜乾之时，与初相应，是畜止初九的人。初九以阳刚居卦之下，其势甚微，于此时畜止容易，所以有牿牛之象。

六四的启示：占卜的人得此爻，应止恶于未形，防患于未然，用力少而成功多。人生抵触之性不发，才能虚心受教，真诚相待。

> 六五：豮豕之牙，吉。
> 《象》曰：六五之吉，有庆也。

【译文】

六五，去势公猪的尖牙，吉祥。

《小象辞》说：六五的吉祥，是有喜庆。

【释辞】

豮：音 fén，豕去势曰豮，即猪被阉割。雄豕去势，凶性已除，则不足惧。

【观象会意】

五居大离之中，又当伏坎之位，坎为豕。二兑为牙，五应之，故曰豮豕之牙。艮为黔喙，兽之黔喙者莫过于豕。

来知德说："本卦大象离，离错坎，豕之象也。五变中爻又成离，……六五以柔中居尊位，当畜乾之时，畜乎其二者也，故有豮豕之牙之象。占者如此，则强暴梗化者，自屈服矣，故吉。"

启示：六五畜止的豕，喻社会上横暴之人。六五阴居尊位，柔顺得中，擅长以柔术治国，不采取暴力手段，而找出铲除暴力的根源，獠牙虽在，而其凶猛之性已无矣。

> 上九：何天之衢，亨。
> 《象》曰：何天之衢，道大行也。

【译文】

上九，何其畅通的天上大路，亨通。

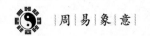

《小象辞》说：何其畅通的天上大路，是说道大行于天下。

【释辞】

何：通荷，负荷，担负。

衢：音qú，四达谓之衢。通往四方的大道。

【观象会意】

乾为天，艮为径路，互震为大涂。由径路而达大涂，是天衢之象。来氏说："上为天位，天之象也，四达谓之衢，艮综震为大涂，衢之象也。以人事论，天衢乃朝廷政事之大道也，观小象曰道大行可知矣。"畜之既久，其道大行，正是不家食，担负庙堂之重任，涉大川，担当国家之险阻，是此其时矣，故有何天之衢之象。

刘沅说："卦取艮止为畜。六五以阴畜阳，为畜之主；上九阳德，居五之上，为五所尚，象所谓刚上而尚贤也。何与荷通，诗曰：何天之宠。上九畜极而通，何五之宠，贤路大通，道无不行。"

上九发动，变成泰卦，有畜极则通之象，功德圆满。孔子问子贡："女以予为多学而识之者与？予一以贯之。"正合上九之象。"何天之衢，道大行也。"上卦一阳贯顶，即为一以贯之，为完整浑融之意。

【易学通感】

心有多大，心量就有多大。小中见大，一粒米可装有三千大千世界。大畜上卦艮的止欲修行，功夫至于绝顶，必生无量智慧。大畜无所不学，宗旨在融会贯通而经世致用。《孟子·尽心篇》称："万物皆备于我矣。反身而诚，乐莫大焉。"反身而诚，即无妄。万物皆备于我，即大畜。

《杂卦传》："大畜，时也"。活学活用《易经》智慧，永远与时偕行，历久而弥新。

颐 第二十七卦

巽宫游魂卦

颐 ䷚ 震下艮上
中爻重坤 【错】䷛ 大过 【综】䷚ 颐

【题解】

颐，本指脸颊或两腮。颐卦像张开的大嘴，上下两阳爻像上下两颚，中间四阴爻像两排牙齿，外实内空，所以颐卦形为口腔。颐卦震动于下，艮止于上，像口腔嚼物以养人，所以为颐。《序卦传》说："物畜然后可养，故受之以颐。颐，养也。"卦义提示，颐养之道，养正则吉，养体为小，养德为大，节欲而济人，才是养德，是颐养的大道。

颐：贞吉。观颐，自求口实。

【译文】

颐卦，坚守正道可获吉祥。观察颐养之道，应当以正道取得口中食物。

《彖》曰：颐，贞吉，养正则吉也。观颐，观其所养也；自求口实，观其自养也。天地养万物，圣人养贤以及万民；颐之时大矣哉！

【译文】

《彖辞》说：颐卦，坚守正道可获吉祥。是说依循正道颐养方能导致吉祥。观察养颐之道，是观察他所养的是什么人，如何去养，观看所进的食物，判断他自己的养生之道正与不正。天地养育万物，圣人养育贤能之士治理国家以养育万民。颐卦的养生之道在于因时制宜从正道取得，其含义是深广的！

《象》曰：山下有雷，颐；君子以慎言语，节饮食。

【译文】

《大象辞》说：上卦艮为山，下卦震为雷，为山下有雷之象。雷出山中，草木萌动，象征颐养，君子观此卦象，从而谨慎言语以养德，节制饮食，修身养性。

【释辞】

颐：郑玄："颐，口车辅之名也。"《左传》："辅车相依。"注："辅，辅颊。车，牙车。凡物入口，牙车载之，辅在上不动，车在下动而止，故曰因辅嚼物以养人。颐，养也。"

【观象会意】

颐卦有大离之象，离为目，观之象也。上艮为求，下震为口，互坤为物，故曰口食。阳实阴虚，实者是养人，虚者求人反养，自求口实，说的是自求养于阳刚之实，也就是自身的能力。颐卦正反艮，正反震，震不求艮，艮不求震，唯自求同体之阳，所以为自求。观颐，是观其所养之道，自求口实，说的是他用来养生的方法，都得正道就吉祥。

程颐说："颐之道，以正则吉也。人之养身、养性、养人、养于人，皆以正道则吉也。"人之所养有二，一是养性，一是养身。二者皆不可不正，观其所养之道，如大学圣贤之道，正也，是异端小道则不正矣，不必自求其口实，如正道义而略口体，正也；急口体而轻道义，则不正矣。（此宋儒所谓饿死事小，失节事大）

《象传》所说"养正则吉也"是说养人、养己皆得其正则吉祥。所以国家所养之人必须是贤明之士，而且看他的自求口实的方法必须得宜，这说是"养正"。如王夫之所说："养其所当养则正，正则遍给天下之欲，而非滥，以天下养一人而非泰，咸受其福矣。"

"观颐，观其所养也"，是要观看他养的是什么人和如何养。"自求口实，观其自养也",是观其养身养德之道,即怎样自养。观其所养与观其自养是从两个方面来说,无论养人或自养,所要看的主要是养之道正与不正。养以道义或养以衣食,全以所处的时宜来决定。天地得其正,寒暑适时,风调雨顺,则能养育万物,统治者养人主要是养贤的问题,通过贤能管理政府以养育百姓。

"颐之时大矣哉!"《黄帝内经》讲顺天时以养。项世安说:"初上二阳,即上下两卦之主爻。万物始震终艮,天地养物之功,终始于二卦之内。四时八卦之用,皆包于颐,故卦气始中孚,终颐,此颐之所以为大。"

李士鉁说:"动于春夏,止于秋冬,天地所以养万物。动于日出,止于日入。帝出乎震,成言乎艮。人物所以养生。下动上止,有以卑养尊之象,始动终止,有以少养老之象。"

程颐说:"慎言语以养其德,节饮食以养其体。于天下,则凡命令政教出于身者,慎之则无失;凡货资财用养于人者,节之则无伤。"慎和节都有艮止之象。此站在政府角度谈颐之象,深得颐之道也。就个人而论,祸从口出,病从口入,因此慎言以避其祸,节食以养其身,此得颐养之正道。

初九:舍尔灵龟,观我朵颐,凶。
《象》曰:观我朵颐,亦不足贵也。

【译文】

初九,舍弃了你灵龟的特性,观看我进食就流口水,有凶险。

《小象辞》说:观看我进食就流口水,这也谈不上品德高贵。

【释辞】

灵龟:古人用龟甲占卜,故称灵龟。

朵颐:朵,是下垂。《说文》:"树木垂朵朵也。"朵是树木缀满花叶下垂的样子。朵颐是下巴张开以大嚼肉食,成语"大快朵颐"即由此来。

【观象会意】

颐为大离之象,离有龟之象。上卦艮止,中空,灵龟止而不食,服气空腹之象。朵是花朵下垂之象,正反震有花朵下垂之象。下垂其颐以垂涎,是欲食之状，尔，是指初九，我指六四。

尚秉和说："初爻艮覆，故曰舍尔灵龟。朵，《释文》云：'动也。'人食物则颐动。初应在四，四当颐中，故曰观我朵颐。言初当位，拥有群阴，贞静自养，斯亦足矣。乃舍其自在之灵质，而观窥他人之宠禄，则躁兢贻讥，而殃咎或至，故曰凶。"

灵龟，食少而长寿的动物，是善于养正的灵物。《程传》说："龟能咽息不食，灵龟喻其明智而可以不求养于外。"灵龟服气不食，无求于世，无求则无欲，故能灵也。

马振彪说："老子说：'知足不辱，知止不殆。'初九之凶，辱而且殆，由于不知止足也，失其固有之灵性，而求外馈，凶莫大焉。"

初九以阳刚得正，阳实，本有实力可以养自己，像灵龟一样以服气为生。但上应合六四，又是震动之主爻，志欲上行应六四，产生了贪欲而迷失于自己本性，追随阴虚求养于人。于是用六四口吻告诫初九：舍弃你灵龟般的自养之功，而观看我咀嚼食物产生贪欲，必致凶险。

按：龟能服气而寿，是能通过呼吸凝固空气之氮而摄生，道家采气炼内丹之术也是效法灵龟。

六二：颠颐。拂经，于丘颐，征凶。
《象》曰：六二征凶，行失类也。

【译文】

六二，颠倒颐养正道，先求养于下面初九，转而求养于远方的上九，前往有凶险。

《小象辞》说：六二前往有凶险，因为前行遇不到阳刚朋友。

【释辞】

颠：颠倒。

拂：违背。

【观象会意】

六二亲比于初九，但阴虚不能养其下，反而依赖初九阳刚养自己，乾为首在下，所以是颠颐。经，是常理。六二求养于初，是颠倒而违背常理；求养于上，则往而得凶。积土为丘，艮为丘，上九是艮土之高。

《程传》说："女不能自处必从男，阴不能独立必从阳，二阴柔，不能自养，必求养于刚阳，若反下求于初，则为颠倒，故云颠颐，颠则拂违经常，不可行也。若求养于丘，则往必有凶。丘之在外而高之物，谓上九也。上非其应，而往求养，非道妄动，是以凶也。"

《小象辞》说"行失类也"，六二若上行，所遇皆阴，同性非类。

尚秉和："阴阳相遇为类"，今六二不遇阳，故曰"失类"。

六三：拂颐。贞凶，十年勿用，无攸利。
《象》曰：十年勿用，道大悖也。

【译文】

六三，违背颐养正道，坚守正道以防凶险，十年之内不可施展才用，如果施用，必无所利。

《小象辞》说：十年之内，不可施展才用，是因为严重悖逆了颐养之道。

【释辞】

悖：《玉篇》："悖，逆也"。

【观象会意】

六三应当受养于上九，但六三不正。如果动而变阳，虽然正了，则和上九没有应合关系了，上九不会来。不动等待初九，既无应也不比。六三既不受养于上，又无以授惠于下，所以占卜到此爻的人凶险。坤数十，坤为年，十年勿用，是说十年不可用。颐养之道大悖了。艮为径路，震为大涂，艮震皆为道路，颐卦象为正反艮，正反震，所以说道大悖。

《程传》说："颐之道，惟正则吉，三以阴柔之质，而处不中正，又在动之极，是柔邪不正而动者也。其养如此，拂违于颐之正道，是以凶也。得颐之正，则所养皆吉，求养养人，则合于义，自养则成其德，三乃违拂正道，故戒以十年勿用。十，数之终，谓终不可用，无所往而利也。"

六三居动之极，以阴居阳，不中不正，虽与上九为正应，求养于上九是正当的，故曰"贞"。但由于不中不正，为履邪好动之辈，因为求养不以正道，为满足私欲，求养于人，必无所不至，险陷谄媚，以有应而实现私欲，则必然凶了。

六四：颠颐，吉。虎视眈眈，其欲逐逐，无咎。
《象》曰：颠颐之吉，上施光也。

【译文】

六四，颠倒向下求得颐养，吉祥。如老虎之威猛，眈眈注视下面，求物欲望不断，必无灾害。

《小象辞》说：颠倒向下求得颐养，吉祥。是上面施放的光辉。

【释辞】

眈眈：《说文》："视近而志远也。"

【观象会意】

六四在上而下求养于初阳，颠颐之象。有初九应援，所以吉祥。内卦以自养为义，故动体多凶；外卦以求贤养民为义，故静体多吉。艮为虎，变离为目，注视之象。逐逐，是说所欲在初九，但有二、三相阻隔，不能遂其欲，所以逐逐不已。初阳应六四，所以是上施光。

来知德说："眈者，视近而志远也。变离目，视之象也，应爻初为地位，虎行垂首下视于地，视近也；而心志乃求养于天位之上，志远也，故以眈字言之。视下卦眈也，志上卦眈也，故曰眈眈。阴者，人欲之象也，下卦二阴，欲也；上卦二阴，欲也。人欲重叠追逐而来，故曰逐逐。眈者，四求养于上也，逐者，上施养于四也。六四当颠颐之时，求养于上，故有颠颐之象。"施，布放散震之意，说上九施养于四。光，即刚健笃实辉光之意。其道光明，变为离，也是光明之象。

六五：拂经。居贞吉，不可涉大川。

《象》曰：居贞之吉，顺以从上也。

【译文】

六五，违背常道，安居坚守正道可吉祥，不可涉越大江巨流。

《小象辞》说：安居坚守正道的吉祥，是顺从上九阳刚之道。

【观象会意】

六五阴柔居君位，无阳刚之德，失正无应，自己不能养人，反而依赖上九养己，同时兼养天下，所以违背常理。但只要坚守贞正，顺从上九贤能，依靠他去养万民，所以吉祥。但也正因为自身无阳刚之德，软弱无力，所以不可能有大的改革举措，不可冒险行动去涉大川，犯难而行。如《程传》所说："六五颐之时居君位，养天下者也。然其阴柔之质，才不足以养天下，上有刚阳之贤，故顺从之，赖其养己以济天下。君者，养人者也。反赖人之养，是违拂于经常。既以己之不足而顺从于贤师傅，上师傅之位也。"

按：此卦象犹如蜀后主依赖诸葛亮治蜀，不可涉大川，伐魏也。以蜀之天险，偏安则可，屡犯中原者，伤其国本也，此蜀之所以灭亡也。

上九：由颐。厉吉，利涉大川。

《象》曰：由颐厉吉，大有庆也。

【译文】

上九，君王依靠他养颐万民，常怀慎惕之心，虽危犹吉，利于涉越大江巨流。

《小象辞》说：君王依靠他养颐万民，虽危犹吉，是大有喜庆。

【观象会意】

由，依赖。由颐，即由之以颐，由上九而得养。上九阳刚之极，一般皆不吉，但颐卦上九得到六五之君的依赖，靠他养万民，所以说"由颐"，他同时供养下面四个阴爻，互卦为坤，坤为众，为腹。所以既养人，又养体，又养德，最得养生之道。豫卦下乘重阴，故曰大有得，本卦亦下乘重阴，故曰大有庆。然而高居万民之上，恐逸豫随之，故常怀危厉之心以警惧也。

【易学通感】

颐者，颐养天年也。下震为长子，上艮为少子，中爻坤为老母，儿子颐养老母天年之象。

《彖辞》说，"观颐，观其所养也"，是要观看他养的是什么人和如何养。以政府为喻，是养特权阶层，还是养天下众生；以企业为喻，是养老板自己，还是养所有员工。如何来养？是否使天下苍生都少有所教，壮有所用，病有所医，住有所居，老有所养，是检验执政者是否为民的大问题。此句的另一层意思，即观察万物众生获养的客观条件，即他们赖以生存的物质资源是什么，是住高楼大厦还是住危房？是养其身，养其心，还是养其德？

大过 第二十八卦

震宫游魂卦

大过 ䷛ 巽下兑上 中爻重乾 【错】䷚ 颐 【综】䷛ 大过

【题解】

易阳大阴小，大过卦四阳居中过于旺相，故名大过。此卦上体兑，兑为泽，下体巽，巽为木，泽本是滋润木的，今居上是淹过了树木，所以大过又被称为死卦。从卦象上看，初六在巽体，巽为木，上六纳甲十二地支在巳，巽当八卦之巽位，故又是木，二木在外，以夹四阳，四阳互体为二乾，乾为君为父，二木夹君父，是棺椁之象。

孟子在《离娄篇》说："养生者，不足以当大事，惟送死，可以当大事。"颐卦是说养生，大过是讲送死的人生大事。《序卦传》说："颐者，养也。不养则不可动，故受之以大过。"与《系辞传》所说的"原始反终，故知死生之说"都是一个意思。此卦用于社会是内强而外弱，官强而民弱，本末俱弱，不堪重负，如栋梁曲折弯曲，是一种极其危险的社会势态，此时亟待独立不惧的大德大能之人奋力整治，社会方可有救。

大过，栋桡，利有攸往，亨。

【译文】

大过卦，栋梁压得弯曲了，利于有所前往，亨通。

《彖》曰：大过，大者过也。栋桡，本末弱也。刚过而中，巽而说行，利有攸往，乃亨。大过之时大矣哉！

【译文】

《彖辞》说：大过卦，是指阳刚大而过当，栋梁压得弯曲了，就是栋梁中间太粗，两头太细，不堪负荷。阳刚虽过度，但九二、九五得中，内巽顺而外喜悦，利于有所前往，前路会亨通。大过卦因时制宜的意义是多么伟大啊！

《象》曰：泽灭木，大过；君子以独立不惧，遁世无闷。

【译文】

《大象辞》说：大泽淹没了木舟，是大过的卦象。君子观此卦象，处大过之时或特立独行，无所畏惧，或隐遁避世，甘于寂寞。

【释辞】

栋桡：桡，音挠（náo）。栋桡，屋脊曰栋，承椽瓦者，木曲曰桡。程颐说："栋，今人谓之檩。"《周易折中》说："栋"是脊檩。即屋子的脊檩因为本末弱而弯曲，屋顶要塌下来，很危险。

【观象会意】

此卦上兑下巽，四阳居中，阳过于强。二阴被排斥在两边，阴过于弱。阳刚的势力大过于阴柔，所以是大过。大象为坎，坎为栋，坎主险陷，坎又为矫輮，是桡曲之象。此卦用于政治，四阳为政府。过于刚健，然而刚健无制约，太强必折，栋梁弯曲向下。巽为木，兑为毁折。梁木毁折，栋斯桡矣。

二阴为民，本末俱弱，负担过重，故桡。从乾德天行健来诠释，刘沅说："大过者，阳之过也，弱，谓阴柔，四阳居于中，故曰刚过。中者，二五，内外卦之中。人当大过之时，立非常之大功，成绝俗之大德，苟非其时，或有其时而无其德与才，皆不得藉口于大过。大过非过，当大过之时，因常人所不及则以为过。"

李士钤说："有非常之事，然后有非常之功。豪杰乘时以立功名，任愈重则才愈出，事愈难则功愈大。苟大过之世，无以图大过之功，畏难苟安，天下事将谁属乎？"

初六：藉用白茅，无咎。
《象》曰：藉用白茅，柔在下也。

【译文】
初六，用洁白的茅草垫托祭品，以示虔诚，因而没有灾害。
《小象辞》说：用洁白的茅草垫托祭品，以示虔诚，因为初六柔顺居下，行为敬慎。

【释辞】
藉：音界（jiè），在下曰藉，衬垫。以物承物曰藉。

【观象会意】
巽为柔为白为茅草。柔在下，以刚在上也。上承四刚，故曰藉。祭祀之时，用白茅垫衬祭品，取其洁白之义，表达敬慎的心情。杨万里说："君子当大过之世而在下，柔以顺承，洁以自淑而已。"

九二：枯杨生稊，老夫得其女妻，无不利。
《象》曰：老夫女妻，过以相与也。

【译文】
九二，枯老的杨树长出新芽，老夫娶得少女为妻，没有不利。
《小象辞》说：老夫娶得少女为妻，是过了年龄才相遇。

【释辞】
稊：音题（tí），通苐，树木新生的芽。

【观象会意】
兑为泽，木以近水者为杨。泽水灭木，杨必枯萎。九二刚柔相济而得中，所以枯而复生，如枯杨之生稊，尚可以发芽。老夫娶少妻，还可以生子，所以

217

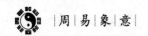

无不利。

老夫娶得少妻，喻九二以"过甚"之阳处中位，下比初六柔弱之阴，遂能阴阳互济，各得其宜。

《周易折中》说："大过诸爻，以刚柔适中者为善，初以柔居刚，二以刚居柔而比之，是刚柔适中，相济而有功者也。其阳过也如杨之枯，如夫之老；其相济而有功也，如枯杨而生稊，如老夫得其女妻。"按：二爻变为泽山咸卦，五爻变为雷风恒卦，故以夫妇取象。

九三：栋桡，凶。
《象》曰：栋桡之凶，不可以有辅也。

【译文】

九三，栋梁弯曲向下，凶险。

《小象辞》说：栋梁弯曲向下的凶险，因为九三阳刚过甚，不可以再加辅助。

【观象会意】

三、四两爻居卦之中，是栋梁之象，用之于人事，是国家的栋梁。然以刚居刚，阳刚过甚，而人不可以亲辅，《象辞》叹其不可，此为刚愎自用者戒！九三虽然和上六阴阳相与，上六垂死灭顶，无法发挥以阴济阳的功能，故称"栋桡"。

本爻变，全卦成泽水困卦，穷途末路，一筹莫展。卦辞称"栋桡，利有攸往，亨"。善用智慧以阴济阳，还可力挽狂澜。九三称"栋桡，凶"是就爻位而言的，一意孤行，强硬偏执到底，终归无救。

九四：栋隆，吉；有它，吝。
《象》曰：栋隆之吉，不桡乎下也。

【译文】

九四，栋梁向上隆起，吉祥。如果下应于初六，受阴牵连，则有憾惜。

《小象辞》说：栋梁向上隆起的吉祥，是不向下弯曲。

【观象会意】

九四以刚居柔位，是过而不过。下应初六，得到阴柔的承藉，有栋隆之象。隆，高起貌。屋以栋为中，故三四皆有栋象。而三桡四隆者，三以刚居刚，太刚则折。四以刚居柔，权重心下。又三在下卦，为上实下虚；四在上卦，为上虚下实。四乃大臣之位，以柔济刚，能肩大事，故隆而吉。

李过说："下卦上实而下弱，下弱则上倾，故三居下卦之上而栋桡凶，言下弱而无助也。上卦上弱而下实，下实则可载，故四居上卦之下而曰栋隆者，言下实而不桡也。"

九五：枯杨生华，老妇得其士夫，无咎无誉。

《象》曰：枯杨生华，何可久也？老妇士夫，亦可丑也。

【译文】

九五，枯老的杨树开出新花，老妇人得了少壮男子为夫，没有害处，也得不到赞誉。

《小象辞》说：枯老的杨树开出新花，怎能长久呢？老太太得了少壮男子为丈夫，也真是出丑啊。

【观象会意】

虞翻说："老妇，谓初巽，士夫谓五。"尚秉和认为："易无此例也。"尚氏引《易林》用意通象，弯绕得过大。我认为刘沅说的为好："九五兑，错艮少男，士夫象，未娶者也。应爻巽为长女，老妇象，已嫁而老者也。九五以阳刚应过时之长女，非配合之美，安得有誉？"

沈该说："二比初，近本也，生稊之象。五承上，近末也，生华之象。"

李士钤说："木生芽则可久，华一时则枯落不可久。救过之道，务内不务外，为其实不为其华也。二乘初，以阳乘阴，故夫得妻。上乘五，以阴乘阳，故妇得夫。盖阳可遇阴，阴不可以遇阳。夫老妻少则可生，妻老夫少则不生也。过时而相合，不能成生育之功，固无得而称也。"

爻辞对老妇少夫的婚配态度是无咎无誉，持一种中立的态度。而《小象辞》却说："老妇士夫，亦可丑也。"而对"老夫少妻"的婚配却解释为"过以相与也"，即一直未找到合适的，持同情态度。从社会学角度看，老年人的婚恋是人生社会的大问题，孤阴不生，孤阳不长，男男女女，无论老少，都有追求爱情的权利，老头子可以娶如花少女，老太太为什么不可以找青壮猛男？沐浴在超越寻常的爱河里，摆脱对死亡的恐惧，寻求对性爱的渴望。对男女之间的老少黄昏恋，现代社会应多一份宽容和理解。

上六：过涉灭顶，凶，无咎。
《象》曰：过涉之凶。不可咎也。

【译文】

上六，涉水过深，淹没了头顶，有凶险，没有过错。
《小象辞》说：涉水灭顶的凶险，不可以责难。

【观象会意】

中爻乾为人为道，泽水在上，所以说灭顶，与比之无首义相同。灭顶即死，所以是凶。大过被称为死卦在此爻。《小象辞》说"不可咎"也，与《大象辞》"君子以独立不惧"致命遂义相同，杀身以成仁，生命虽然死亡，但过错是没有的。朱熹认为上六说的是杀身成仁之事，是用在政治上。用之于爱情是舍身以殉情，如《泰坦尼克号》之男主角，同样值得赞美。因为爱情和死亡是人类歌颂的永恒主题。

【易学通感】

《系辞传·下》说："古之葬者，厚衣之以薪，葬之中野，不封不树，丧期无数，后世圣人易之以棺椁，盖取诸大过。"孔子曰："五十以学易，可以无大过矣。"孔子讲的五十既可以作为五十岁理解，也可解作五十为太衍之数，即宇宙变通穷尽之数，也就是掌握了天数，学习了易道，就可以不害怕死亡了，这和孔子所说的"朝闻道，夕死可矣"，《系辞传》所说的"原始反终，故知死生之说"都是一个意思。

坎　第二十九卦

坎宫八卦之首，象水。

坎 ䷜ 坎上坎下
中爻震艮　　　【错】☲ 离　　　【综】䷜ 坎

【题解】

《序卦传》说："物不可以终过，故受之以坎。坎者，陷也。"大过卦是阳刚过盛，阳刚过盛就向反面转化，所以接下来就是坎卦。坎卦形似水，一阳陷于二阴之中，有阳陷之象，卦象是二人陷于水，象征重重陷难。坎二阳居中，阳为实，有心中有孚信之象。

坎卦强调处险之时如何脱离险境。一是心中刚健，坚守信心；二是"行有尚"，一心向前不能坐以待毙；三是在逆境中加强学习和修炼，人生的险境，正是学习的最好时刻；四是如何人为地创造险境，以保卫自己，战胜对手。

坎：习坎，有孚，维心亨，行有尚。

【译文】

坎卦是重重险陷，唯其心有诚信而专一，所以能亨通，努力前往必被崇尚。

《彖》曰：习坎，重险也。水流而不盈，行险而不失其信。维心亨，乃以刚中也。行有尚，往有功也。天险不可升也，地险山川丘陵也，王公设险以守其国。坎之时用大矣哉！

【译文】

《象辞》说：习坎是险难重重，就像水流进坎陷之中不见盈满，不论前面有多少险难，都一往无前，唯其心怀诚信，所以亨通，是因为它中心刚强。崇尚有所行动，因为前往才能脱险、建功立业。天之险阻，在于无天梯可通；地之险峻，在于山河丘陵难以逾越；王公诸侯人为设置险阻，以守卫他的国王。因时地而设险的效用是多么巨大啊！

《象》曰：水洊至，习坎；君子以常德行，习教事。

【译文】

《大象辞》说：水不断地涌来，是两坎重叠的象征。君子观此卦象，要恒久保持美德善行，熟悉教化人民的方法。

【释辞】

习：《说文》："数飞也。"习字本义是小鸟多次练习飞翔。有重复之义。

洊：音健（jiàn），一次又一次。刘沅说："洊，流相续出。"

【观象会意】

乾为天，坤为地，天地阴阳相交而生变化，乾坤为父母卦，乾父交于坤，坤中孕坎，坎为水，水流行地中，实来自天上。是故"天一生水，地六成之"。坎卦所以为水象，坎卦四阴爻象征二坎，坎中之阳即是心。上坎下坎，所以是重重坎险。

在内为心，在外为形，坎卦阳刚居上下二阴之中，阴阳会合，故亨通。维，是维系。人身处于险境之中，他能够依赖的只有心态，坚定信心而不求侥幸，靠自己的信心和行动摆脱险境，才是唯一出路，故曰："行有尚。"

《彖传》是综合卦象、卦德、卦体三个方面解释卦名的。上卦下卦都是险，所以是习坎。荀爽说："阳动阴中，故流。阳陷阴中，故不盈。"水永远向一个目标流去，虽然波涛汹涌，却能维持稳定，而不泛滥成灾。用之于人，虽遭遇险难，仍然恪守诚信。行险如同流水一样，向着一个目标奋进，行险而不失其信，是经历险阻，而终于朝向大海（脱离危险），所以天下之有孚信的，没有超过水的。

"乃以刚中也",指的是二五阳刚在内居中,内心正大光明刚健,没有一丝靠侥幸脱险的非分之想,必然会成功。心中亨通,才能洞察所处之险境的危厉和生机,靠自己的应对才能脱离灭顶之灾,脱离危险而有功。刚中必心亨,心亨则往有功而脱离危险。这是坚定的信心和果敢的行动共同的功效。

天险是无形之险,地险是有形之险,王公设险是人为地设置险阻,变无形之险为有形之险。王公设险以守其国,从大的方面设置京都,则依山临河,据其形胜以为险阻。从小的方面,一城一邑则垒土以为城,城外掘土灌水以为河,这是仿效地险山川丘陵也。化天险无形于有形也。

来知德说:"卦中有天象,所以言天险也,四坤土,地之象也;中爻艮土,山丘陵之象也;本卦坎,川之象也;九五居尊,王公之象也;中爻艮止,守之象也;坤土中空,国之象也;故益卦三阳三阴,而曰为依迁国。时用者,时有用也。险之为用,上极于天,下极于地,中极于人,故以大矣哉,赞之。"

《彖传》所说的"坎之时用大矣哉"是告诉我们处险之时,如何以险为用,在险境中求得生存和发展。

《大象辞》说的"洊",是水不断地涌来,下卦坎水才到来,上卦坎水又接续而来,水相涌而来,取其恒久不停的卦义。如孔子所说"逝者如斯夫,不舍昼夜",天下之有恒者莫如水也。君子体会坎卦之德,以水之有恒来增进道德修养。

"习教事"指的是以水之德来教育民众,德行常进,则品德可以保持长久,所以教育之事一时不可放松。

初六:习坎,入于坎窞,凶。

《象》曰:习坎入坎,失道凶也。

【译文】

初六,重重险陷,落入陷穴深处,凶险。

《小象辞》说:重重险陷,落入陷穴深处,是初六柔弱,失去了出险的途径和手段。

【释辞】

坎窞：窞，音但（dàn），小而深的坑。坎窞，坑穴，喻险境。

【观象会意】

坎卦卦义为陷，初六阴居重坎之下，其陷愈深，所以以坎窞喻之。入于坎窞则不能行，所以《小象辞》说"失道凶也"。

李士钤说："阴虚象窞，初居群阴之下，入于极深，不能复出，坎水沉溺，象人心之为欲。坎，天地之险也；欲，人心之险也。初在坎下，陷于欲而不能出；上居坎极，陷于欲而不能返，皆圣人所不能救也。"

按：窞，为深坑，又为水中漩涡。初六居坎险之始，又为柔弱无力的小人，入于水中漩涡，不甘于沉沦，虽然手脚并用，拼命挣扎，但不习水性，只能愈陷愈深，遭受灭顶之灾。

九二：坎有险，求小得。
《象》曰：求小得，未出中也。

【译文】

九二，坎陷中有险难，可求得小的进展。

《小象辞》说：可求得小的进展，因为九二处下卦中位。

【观象会意】

九二的有险，是有危险而已，和初六的入于坎窞不同。二三四互体为震，九二为震之主爻，震为阳刚，为行，有力脱险。震错为巽，巽为近利市，是求得之象也。如随卦中爻巽也说"随有求得"。错变为坤爻，阴为小，所以有求小得之象。

九二以阳刚居中，应当大有可为，爻辞说求小得，是因为还未脱离险境，人生处其险境之中，应当先从小得求起，如水虽涓涓不已，汇而成江河，不可急于求大功，这是行险的根本之道。

《小象辞》说的"未出中也"，要充分意识到身处险中，尚未出险，应当积累小得，用之于商业，求得不赔本而已。尽量增强实力，为日后的脱困作积淀。

六三：来之坎坎，险且枕，入于坎窞，勿用。

《象》曰：来之坎坎，终无功也。

【译文】

六三，来往都处于坎陷之中，险难枕藉，落入坎陷深处，不能施展才用。

《小象辞》说：来往都处于坎陷之中，最终不会成功。

【观象会意】

之是动词，往的意思，来之往往，内外都是坎险，往来之象。互震木横于内，而艮止不动，是枕之象。险且枕，说的是临于险境而头枕于险境。初、三两爻都入于坎窞，而九二仅说有险，因为九二阳刚得中，初、三两爻都不中正的缘故。勿用，说的是六三终无出险之功，所以无所用。六三阴柔又不中正，而处于重重险境之中，所以是来之坎坎，是枕于险难之间，将入于坎窞之深处，而不能发挥作用。

刘沅说："中爻震木艮止，枕象。履重险之间，来则下入于坎，往则上入于坎，其险甚矣。处险以出险为功，妄动者致险。六三位险而至柔，动不能出，徒益之险，故戒以勿用。"

人处于险境之中，必须冷静，慌乱盲动只会愈陷愈深，如人陷于泥淖中，越动所陷愈深，不如利用支撑物，就地卧倒，增大接触面，保存体力，赢得喘息的机会，伺机而动，以寻求生机。

六四：樽酒，簋贰，用缶，纳约自牖，终无咎。

《象》曰：樽酒簋贰，刚柔际也。

【译文】

六四，一壶酒、两盆食物，用瓦盆盛物，从窗户里纳进简朴的食物，最终没有过错。

《小象辞》说：一壶酒、两盆食物，是柔与刚有所交际啊。

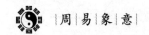

【释辞】

樽：古代装酒器具，酒壶。

簋：音轨（guǐ），盛饭的器皿，外方而内圆。

缶：陶制品。

牖：音有（yǒu），窗户。

【观象会意】

四爻变，互卦为离、为巽。巽，木之象；离中虚，为樽之象。四在震位，震为竹，簋为竹器，三、四爻坤土之象，缶是瓦器。坎为水，有酒之象。《离卦》九三："不鼓缶而歌"，变为离，所以是缶。

王弼说："一樽之酒，二簋之食，瓦缶之器，纳此至约，自进于牖，乃可羞于王公，荐于宗庙，故终无咎。刚柔相比而相亲焉，际之谓也。"

刘沅说："四变，互离巽，巽为木，离中虚，樽象。坎水，酒象。震为竹，簋竹器，簋贰倒句。缶瓦器，所以盛酒浆。约，绳也，变巽为绳。在墙曰牖，在壁曰窗，二至五中虚牖象。出险之道，必刚柔相济，九五刚德，能出险而下求于四。六四以柔居柔，上亲于君，去繁文而就悃挚。俭薄之物，可以通情，由刚柔相济，终得济险而无咎也。"

约，又有简约之义。六四柔顺得正，当国家艰难之时，位近九五刚正之君主，刚柔相济其势易合，所以有简约相见之象。只有如此，才能共谋出险之策，虽然陷于险中，终得无咎。

《小象辞》说"刚柔际也"，六四身在坎陷中，爻辞中的"牖"，好比陷阱中的洞口，是沟通阴阳界逃生的希望所在，通过一条绳索，连接于内外，得到上面援手相救，在生死相际的关口，六四柔弱无力，九五阳刚有实，两者的患难同盟，终将脱离险境。

九五：坎不盈，祗既平，无咎。

《象》曰：坎不盈，中未大也。

【译文】

九五，水流入坎陷之中不满盈，恰好保持水面持平，没有灾害。

《小象辞》说：水流入坎陷之中不满盈，是说九五阳刚居中位却未能大有作为。

【释辞】

祗：音织（zhī），恰好。

【观象会意】

"坎不盈，祗既平"是说坎水还不满盈，恰好维持水面趋平。无咎，说的是出险而太平。九五尚在险中，已处坎险之上，所以有坎不盈之象，以其阳刚中正，其上只有一阴爻，离出险的时刻不远了，所以有祗既平之象。

《小象辞》说的"中未大也"，中是九五有刚中之德，未大，指的是时段尚未至，九五虽具刚中之德，值坎险之时，尚难以发扬光大刚中之德，而完全脱离险境。

以九五爻用之于人生，水流则盈，此处盈满则它处亏欠，所以总的来说是不平。九五源远流长，流行不已，故坎中不见其盈，高下深浅亦无不平，只有不盈满，所以才能持平。用于为学之道，其心气必平，须防骄破满。用老子话说，保此道者不欲盈。险生于自满。用于政治，天下之治者，其民情必平，所以水之平者，人心之平也，社会之公平也。如庄子所说，平为福，有余为患。

上六：系用徽纆，置于丛棘，三岁不得，凶。
《象》曰：上六失道，凶三岁也。

【译文】

上六，用绳索重重绑缚，囚禁于荆棘丛中，三年不能解脱，凶险。
《小象辞》说：上六失去正道，所以有三年之灾也。

【释辞】

徽纆：徽，三股麻搓成的绳。纆，音末（mò），两股麻搓成的绳。刘表说："三股为徽，两股为纆，皆索名。"

【观象会意】

上六变为巽，巽为绳，又为长，是徽缰之象。系为绑缚。坎为丛棘之象。系用徽缰，置于丛棘，是用绳索捆绑起来，投入丛棘之中囚禁之象。现代之监狱，用钢筋水泥筑的高墙来囚禁犯人，古时的监狱因地为牢，周围种上荆棘作为围墙。

九家云："坎为丛棘，为法律，上罪三年舍。"

李士钤说："互艮手为系，震艮亦为木，故丛棘。狱外种棘，置于丛棘者，入狱之象。三岁者，三爻，言其久也。初在内，其险在心，天理沦亡，心陷于险而不出，心死之象。上在外，其险在身，穷凶极恶，身陷于险而不出，身死之象。"

上六居坎险之极，下乘九五阳刚，是陷得最深的，爻辞取其牢狱为喻，阴柔动而又陷之最深，是不能脱离险境的，故曰凶三岁也。坎卦以阳陷于阴取义，而爻辞则阴阳都陷，九二是小得，九五仅得既平，初六、六三入于坎窞，上六缠于丛棘，三岁不得，阴之陷比阳陷更为甚，可见周易卦爻取义的不同之处，可为学者深思。

【易学通感】

险难可以激发人的意志，化为进取的动力。艰难困苦，玉汝于成。为自己制造险难的，越王勾践的卧薪尝胆是矣。《象传》所说的"坎之时用大矣哉"是既为对手创造险境，也告诉我们如何以险为用，在险境中求得生存和发展，结合卦辞的"习坎，有孚，维心亨，行有尚"就可以思过半了。兵法说："置之死地而后生。"商人说："富贵险中求。"捕猎者说："不入虎穴，焉得虎子。"人类在与危险的搏击中，懂得了生命的爆发力会产生灵感，凝聚成创造力，人类只有利用危险来保护自己，才是最高的智慧。

在中国传统文化中，水主智慧。老子说"上善若水"，"天下柔弱莫过于水，而攻坚强者莫之能胜"。这是深得坎卦的真谛。大河在奔流，后浪推前浪，每一朵浪花都在涤荡泥沙。生命之河，如何方能不断地有活水涌来，只有每日三省吾身，"何以守位曰仁"，普度众生，善利万物而不争，就会仁者无敌，也是智慧的最高境界。

离 第三十卦

离宫八卦之首，象火。

离 ䷝ 离上离下
中爻巽兑　　【错】䷜ 坎　　【综】䷝ 离

【题解】

离卦卦象为光明，卦义为附丽，既附着的意思。《序卦传》说："陷必有所丽，故受之以离。离者，丽也。"意思是说，陷入坎中必定会附在一个地点，所以离卦序在坎卦后面。离卦一阴，上下皆阳，有附丽之象。中虚，有光明之象。离为火，火燃烧必须有可燃之物，所以是附物而放光明。离卦外实中虚，外实象征火之附着物（可燃物），虚象征火之燃烧，也就是邵雍所说的"火用以薪传"。

离：利贞，亨。畜牝牛，吉。

【译文】

离卦，利于守持正道，亨通。要像蓄养温顺的母牛一样修养自己的道德，吉祥。

《彖》曰：离，丽也；日月丽乎天，百谷草木丽乎土。重明以丽乎正，乃化成天下。柔丽乎中正，故亨，是以畜牝牛吉也。

【译文】

彖辞说：离卦，是附丽的意思，好比太阳月亮附在天上，百谷草木附在地上，光明重叠又附着于正道，在上者就能推行教化，促成天下文明昌盛。柔爻附丽于中正之道，因此亨通。所以养畜牝牛一样的顺从之德是吉利的。

《象》曰：明两作，离。大人以继明照于四方。

【译文】

《大象辞》说：光明两次升起，象征附丽。大人观此卦象，因而持续不断地以明明之德照临天下四方。

【观象会意】

乾交于坤卦中爻为坎，坤交乾卦中爻为离。坎卦阳在阴中为隐伏，离卦中虚，阳刚在外为光明。二、五两阴爻居正得正位，所以利于贞定。二、五两爻附丽于阳刚之中，所以亨通。离为牛，牛性柔顺，牝牛即母牛，母牛性格柔顺，畜牝牛，是涵养柔顺之德，消除火之炎上的燥性，所以为吉。

《象传》解释说，离卦是附丽，日月丽乎天，五为天位，所以上离有日月离乎天之象。离为日，兑为月，二为地位，所以下离有百谷草木离乎土之象。

"重明以丽乎正"，重明是上离明又下离明，取义上下君臣都附丽于正义，就可以化成天下，而形成文明的社会风俗。柔丽乎中正，是分别指六五和六二来说的，六五附丽于中道，六二附丽于中正之德。因为中正所以利于贞定，然后可以亨通。二、五两爻都是柔爻，只有柔顺附丽于中正才可以亨通。所以用畜牝牛为喻，即养其柔顺中正之德方可吉祥。

《大象辞》说的明两作，是上离明而下离又明，是上下都光明，又是持续不断地光明，今日光明，明日又光明是继明，是道德之光普照天下。

道德的光芒重于上下，继以前后，如同薪火相传，如日月相承，光被四表，照亮宇宙，深入人心，自然就可以化成天下。

初九：履错然，敬之，无咎。
《象》曰：履错之敬，以辟咎也。

【译文】

初九，行进步履错落有致，保持敬重谨慎态度，才没有过失。

《小象辞》说：行进步履错落有致的敬慎态度，是为了避免过失。

【释辞】

履：鞋，引申为行进。

辟：音必（bì），避免，防止。

【观象会意】

履引申为行动，初九为震之主爻，震为履。初九阳刚，阳性上进，火性炎上，都有上行之象。所以是履。初与四应，四为互巽之体。初爻上附丽于九四，巽为进退，所以说"履错然"。动者行正，失正就有咎，所以敬之不取动，以躲避过失。人生安危在于所附丽的对象，初与四皆阳刚没有感应，君子处离之始，安于其分，只有守正而已，无所附丽，所以无咎。

胡瑗说："错然者，敬之貌也。居离之初如日之初，生于事之初，常错然警惧以进德修业，所以得免其咎。"

六二：黄离，元吉。

《象》曰：黄离元吉，得中道也。

【译文】

六二，黄色附丽于中正之道，大吉大利。

《小象辞》说：黄色附丽于中正之道，大吉大利，是得到了中道。

【观象会意】

黄为中色，坤色黄。离中爻是坤土，所以是黄离。黄离，说的是附丽于中道，即《彖辞》所指的"柔丽乎中正"。六二柔丽乎中而得其正，所以大吉。

九三：日昃之离，不鼓缶而歌，则大耋之嗟，凶。

《象》曰：日昃之离，何可久也！

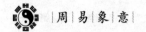

【译文】

九三，太阳西斜，垂附在天，此时若不鼓缶而歌，怡然自乐，必然导致日暮途穷的哀叹，有凶险。

《小象辞》说：太阳西斜的附丽，怎么能长久呢？

【释辞】

昃：音仄（zè），日西斜。

耋：音迭（dié），年老，八十曰耋。

【观象会意】

九三居下离之终，如日之偏西，所以是日昃之离，故《小象辞》说"何可久也"。九三动下卦为震，震有鼓之象，震如仰盂，有缶之象，互兑为口，是歌与嗟之象。此爻居重离之间，是前明将近，后明当继之时，故有日昃之象。然而人生少壮老迈是天运之常规，人生到了老年阶段，乐天以知命，鼓缶而歌，凭借生活条件以安度晚年，怡然自乐享受夕阳的灿烂美景，是豁达的人的心态。如果不能安分乐道，只作戚戚然老之将至的悲叹，这种心态不仅无益于养生，而且会加速灭亡，所以是凶险。

> 九四：突如其来如，焚如，死如，弃如。
>
> 《象》曰：突如其来如，无所容也。

【译文】

九四，不肖之子突然被处以焚刑，焚烧了，死掉了，尸体被丢弃了。

《小象辞》说：不肖之子突然被处以焚刑，因为篡逆之罪，天地不容。

【观象会意】

《说文》在阐释"突"字说："不顺忽出也；从到子。易曰突如其来如，不孝子突出不容于内也。"按：九四处两明之间，是政权更迭之时，重刚又不中正，处不当位，是不适合继承而强求继位的人。突字，古文作倒。子不顺，不孝子也，是逆德。四在巽体之上，巽木得火，所以是焚如，互兑为毁，所以是死如。

尚秉和说："王莽造焚如之刑。如淳云，焚如死如弃如，谓不孝子也。不畜于父母，不容于朋友，故烧杀弃之。"

李士鉁说："九四居不中不正之地，内卦之明方终，突起欲代，为继位之谋，上欺五之阴，此爻父死争立之象，亦杀君之象，天地之所不容。下刚无人应之，上则必欲诛之，自作之孽，必不可活，故焚如，死如，弃如。"

六五：出涕沱若，戚嗟若，吉。
《象》曰：六五之吉，离王公也。

【译文】

六五，涕泗滂沱，忧戚长叹，吉祥。

《小象辞》说：六五爻的吉祥，是附丽于王公之位。

【释辞】

涕：音惕（tì），眼泪鼻涕一起出。

沱若：泪多的样子。

戚：音七（qī），悲戚。

【观象会意】

五离为目，互兑为雨水，眼泪出为涕，六五兑口为嗟若之象，戚嗟若，是忧惧之情发于声音。二、五两爻都是以柔丽乎阳刚，六二爻辞安逸，而六五之辞忧惧，以其六二中正，而六五之位虽中而不正的缘故。六五以柔居尊位，然附丽于两刚之间，只有恪守中道与文明之德，常怀忧戚之心，如此才能保住王位而吉祥。李士鉁说："内卦之明已终，外卦之明继作。六五居尊，乃嗣王即位之象。丧次不哀，此后必不终，故五以悲哀为吉。"

涕泗滂沱，是流于外的悲伤；戚嗟之叹，蕴藏着内心的忧惧之心。人生于忧患，死于安乐。履帝位的大人能"先天下之忧而忧，后天下之乐而乐"，方能造福于百姓，长保江山社稷。

上九：王用出征，有嘉折首，获匪其丑，无咎。

233

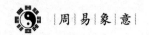
《象》曰：王用出征，以正邦也。

【译文】

上九，君王以上九出师讨伐，对杀敌者进行嘉奖，把俘虏按类别分配给有战功的人，作为奴隶。

《小象辞》说：君王用上九出师讨伐，是为了安定邦国。

【释辞】

嘉：嘉奖立功者。

折首：斩杀敌方首级。

匪：音奋（fèn），古时匪与分相通。

丑：类。

【观象会意】

离卦至上九，附丽之象已趋于完备，然后要征讨不愿附丽之方。六五为王。用，是六五之王用上九。嘉，是嘉奖上九。上九一阳突出于互兑（三、四、五爻为兑）之上，兑为斧钺，离为戈兵，上九变为震动，戈兵震动是出征之象，所以是王用出征。乾为首，兑为毁折，折首之象。折首说的是杀敌，并非指魁首。尚秉和说："获匪其丑者，为匪颁所获丑虏于有功，以为奴隶也。"解释至为正确。

【易学通感】

《系辞下传》说："作结绳而为罔罟，以佃以渔，盖取诸《离》。"是说伏羲在治理天下时，发明了编结绳子的方法而织成罗网，用以打猎捕鱼，是模仿了离卦的形状。所以离卦有网络之象。离卦的附丽，就是人类社会人与人之间的依附关系，人际之间的依附关系形成各种网络，也就是"关系网"，有家庭网、社会网、官场网、商界网等等。一个人在社会的运作和发展如何，取决于他的网络大小。这是当今中国社会独特的文化现象。但是，正如《象辞》所说"柔丽乎中正，故亨"，人际之间的依附关系和网络关系必须是柔顺光明，符合中庸和正义之道，才能畅通无阻。否则就是结党营私，同流合污了。